NORVÉGIEN
VOCABULAIRE

POUR L'AUTOFORMATION

FRANÇAIS
NORVÉGIEN

Les mots les plus utiles
Pour enrichir votre vocabulaire et aiguiser
vos compétences linguistiques

5000 mots

Vocabulaire Français-Norvégien pour l'autoformation. 5000 mots
Dictionnaire thématique
Par Andrey Taranov

Les dictionnaires T&P Books ont pour but de vous aider à apprendre, à mémoriser et à réviser votre vocabulaire en langue étrangère. Ce dictionnaire thématique couvre tous les grands domaines du quotidien: l'économie, les sciences, la culture, etc ...

Acquérir du vocabulaire avec les dictionnaires thématiques T&P Books vous offre les avantages suivants:

- Les données d'origine sont regroupées de manière cohérente, ce qui vous permet une mémorisation lexicale optimale
- La présentation conjointe de mots ayant la même racine vous permet de mémoriser des groupes sémantiques entiers (plutôt que des mots isolés)
- Les sous-groupes sémantiques vous permettent d'associer les mots entre eux de manière logique, ce qui facilite votre consolidation du vocabulaire
- Votre maîtrise de la langue peut être évaluée en fonction du nombre de mots acquis

Copyright © 2016 T&P Books Publishing

Tous droits réservés. Sans permission écrite préalable des éditeurs, toute reproduction ou exploitation partielle ou intégrale de cet ouvrage est interdite, sous quelque forme et par quelque procédé (électronique ou mécanique) que ce soit, y compris la photocopie, l'enregistrement ou le recours à un système de stockage et de récupération des données.

T&P Books Publishing
www.tpbooks.com

ISBN: 978-1-78492-037-1

Ce livre existe également en format électronique.
Pour plus d'informations, veuillez consulter notre site: www.tpbooks.com ou rendez-vous sur ceux des grandes librairies en ligne.

VOCABULAIRE NORVÉGIEN POUR L'AUTOFORMATION
Dictionnaire thématique

Les dictionnaires T&P Books ont pour but de vous aider à apprendre, à mémoriser et à réviser votre vocabulaire en langue étrangère. Ce lexique présente, de façon thématique, plus de 5000 mots les plus fréquents de la langue.

- Ce livre comporte les mots les plus couramment utilisés
- Son usage est recommandé en complément de l'étude de toute autre méthode de langue
- Il répond à la fois aux besoins des débutants et à ceux des étudiants en langues étrangères de niveau avancé
- Il est idéal pour un usage quotidien, des séances de révision ponctuelles et des tests d'auto-évaluation
- Il vous permet de tester votre niveau de vocabulaire

Spécificités de ce dictionnaire thématique:

- Les mots sont présentés de manière sémantique, et non alphabétique
- Ils sont répartis en trois colonnes pour faciliter la révision et l'auto-évaluation
- Les groupes sémantiques sont divisés en sous-groupes pour favoriser l'apprentissage
- Ce lexique donne une transcription simple et pratique de chaque mot en langue étrangère

Ce dictionnaire comporte 155 thèmes, dont:

les notions fondamentales, les nombres, les couleurs, les mois et les saisons, les unités de mesure, les vêtements et les accessoires, les aliments et la nutrition, le restaurant, la famille et les liens de parenté, le caractère et la personnalité, les sentiments et les émotions, les maladies, la ville et la cité, le tourisme, le shopping, l'argent, la maison, le foyer, le bureau, la vie de bureau, l'import-export, le marketing, la recherche d'emploi, les sports, l'éducation, l'informatique, l'Internet, les outils, la nature, les différents pays du monde, les nationalités, et bien d'autres encore …

TABLE DES MATIÈRES

Guide de prononciation	9
Abréviations	11

CONCEPTS DE BASE 13
Concepts de base. Partie 1 13

1. Les pronoms 13
2. Adresser des vœux. Se dire bonjour. Se dire au revoir 13
3. Comment s'adresser à quelqu'un 14
4. Les nombres cardinaux. Partie 1 14
5. Les nombres cardinaux. Partie 2 15
6. Les nombres ordinaux 16
7. Les nombres. Fractions 16
8. Les nombres. Opérations mathématiques 16
9. Les nombres. Divers 16
10. Les verbes les plus importants. Partie 1 17
11. Les verbes les plus importants. Partie 2 18
12. Les verbes les plus importants. Partie 3 19
13. Les verbes les plus importants. Partie 4 20
14. Les couleurs 21
15. Les questions 21
16. Les prépositions 22
17. Les mots-outils. Les adverbes. Partie 1 22
18. Les mots-outils. Les adverbes. Partie 2 24

Concepts de base. Partie 2 26

19. Les jours de la semaine 26
20. Les heures. Le jour et la nuit 26
21. Les mois. Les saisons 27
22. Les unités de mesure 29
23. Les récipients 30

L'HOMME 31
L'homme. Le corps humain 31

24. La tête 31
25. Le corps humain 32

Les vêtements & les accessoires 33

26. Les vêtements d'extérieur 33
27. Men's & women's clothing 33

28.	Les sous-vêtements	34
29.	Les chapeaux	34
30.	Les chaussures	34
31.	Les accessoires personnels	35
32.	Les vêtements. Divers	35
33.	L'hygiène corporelle. Les cosmétiques	36
34.	Les montres. Les horloges	37

Les aliments. L'alimentation 38

35.	Les aliments	38
36.	Les boissons	39
37.	Les légumes	40
38.	Les fruits. Les noix	41
39.	Le pain. Les confiseries	42
40.	Les plats cuisinés	42
41.	Les épices	43
42.	Les repas	44
43.	Le dressage de la table	45
44.	Le restaurant	45

La famille. Les parents. Les amis 46

45.	Les données personnelles. Les formulaires	46
46.	La famille. Les liens de parenté	46

La médecine 48

47.	Les maladies	48
48.	Les symptômes. Le traitement. Partie 1	49
49.	Les symptômes. Le traitement. Partie 2	50
50.	Les symptômes. Le traitement. Partie 3	51
51.	Les médecins	52
52.	Les médicaments. Les accessoires	52

L'HABITAT HUMAIN 54
La ville 54

53.	La ville. La vie urbaine	54
54.	Les institutions urbaines	55
55.	Les enseignes. Les panneaux	56
56.	Les transports en commun	57
57.	Le tourisme	58
58.	Le shopping	59
59.	L'argent	60
60.	La poste. Les services postaux	61

Le logement. La maison. Le foyer 62

61.	La maison. L'électricité	62

62. La villa et le manoir	62
63. L'appartement	62
64. Les meubles. L'intérieur	63
65. La literie	64
66. La cuisine	64
67. La salle de bains	65
68. Les appareils électroménagers	66

LES ACTIVITÉS HUMAINS	**67**
Le travail. Les affaires. Partie 1	**67**
69. Le bureau. La vie de bureau	67
70. Les processus d'affaires. Partie 1	68
71. Les processus d'affaires. Partie 2	69
72. L'usine. La production	70
73. Le contrat. L'accord	71
74. L'importation. L'exportation	72
75. La finance	72
76. La commercialisation. Le marketing	73
77. La publicité	74
78. Les opérations bancaires	74
79. Le téléphone. La conversation téléphonique	75
80. Le téléphone portable	76
81. La papeterie	76
82. Les types d'activités économiques	76

Le travail. Les affaires. Partie 2	**79**
83. Les foires et les salons	79
84. La recherche scientifique et les chercheurs	80

Les professions. Les métiers	**82**
85. La recherche d'emploi. Le licenciement	82
86. Les hommes d'affaires	82
87. Les métiers des services	83
88. Les professions militaires et leurs grades	84
89. Les fonctionnaires. Les prêtres	85
90. Les professions agricoles	85
91. Les professions artistiques	86
92. Les différents métiers	86
93. Les occupations. Le statut social	88

L'éducation	**89**
94. L'éducation	89
95. L'enseignement supérieur	90
96. Les disciplines scientifiques	91
97. Le système d'écriture et l'orthographe	91
98. Les langues étrangères	92

Les loisirs. Les voyages 94

99. Les voyages. Les excursions 94
100. L'hôtel 94

LE MATÉRIEL TECHNIQUE. LES TRANSPORTS 96
Le matériel technique 96

101. L'informatique 96
102. L'Internet. Le courrier électronique 97
103. L'électricité 98
104. Les outils 98

Les transports 101

105. L'avion 101
106. Le train 102
107. Le bateau 103
108. L'aéroport 104

Les grands événements de la vie 106

109. Les fêtes et les événements 106
110. L'enterrement. Le deuil 107
111. La guerre. Les soldats 107
112. La guerre. Partie 1 108
113. La guerre. Partie 2 110
114. Les armes 111
115. Les hommes préhistoriques 113
116. Le Moyen Âge 113
117. Les dirigeants. Les responsables. Les autorités 115
118. Les crimes. Les criminels. Partie 1 116
119. Les crimes. Les criminels. Partie 2 117
120. La police. La justice. Partie 1 118
121. La police. La justice. Partie 2 119

LA NATURE 121
La Terre. Partie 1 121

122. L'espace cosmique 121
123. La Terre 122
124. Les quatre parties du monde 123
125. Les océans et les mers 123
126. Les noms des mers et des océans 124
127. Les montagnes 125
128. Les noms des chaînes de montagne 126
129. Les fleuves 126
130. Les noms des fleuves 127
131. La forêt 127
132. Les ressources naturelles 128

La Terre. Partie 2   130

133. Le temps   130
134. Les intempéries. Les catastrophes naturelles   131

La faune   132

135. Les mammifères. Les prédateurs   132
136. Les animaux sauvages   132
137. Les animaux domestiques   133
138. Les oiseaux   134
139. Les poissons. Les animaux marins   136
140. Les amphibiens. Les reptiles   136
141. Les insectes   137

La flore   138

142. Les arbres   138
143. Les arbustes   138
144. Les fruits. Les baies   139
145. Les fleurs. Les plantes   140
146. Les céréales   141

LES PAYS DU MONDE. LES NATIONALITÉS   142

147. L'Europe de l'Ouest   142
148. L'Europe Centrale et l'Europe de l'Est   142
149. Les pays de l'ex-U.R.S.S.   143
150. L'Asie   143
151. L'Amérique du Nord   144
152. L'Amérique Centrale et l'Amérique du Sud   144
153. L'Afrique   145
154. L'Australie et Océanie   145
155. Les grandes villes   145

GUIDE DE PRONONCIATION

Lettre	Exemple en norvégien	Alphabet phonétique T&P	Exemple en français
Aa	plass	[ɑ], [ɑ:]	classe
Bb	bøtte, albue	[b]	bureau
Cc [1]	centimeter	[s]	syndicat
Cc [2]	Canada	[k]	bocal
Dd	radius	[d]	document
Ee	rett	[e:]	aller
Ee [3]	begå	[ɛ]	faire
Ff	fattig	[f]	formule
Gg [4]	golf	[g]	gris
Gg [5]	gyllen	[j]	maillot
Gg [6]	regnbue	[ŋ]	parking
Hh	hektar	[h]	anglais - behind, finnois - raha
Ii	kilometer	[ɪ], [i]	citerne
Kk	konge	[k]	bocal
Kk [7]	kirke	[h]	anglais - behind, finnois - raha
Jj	fjerde	[j]	maillot
kj	bikkje	[h]	anglais - behind, finnois - raha
Ll	halvår	[l]	vélo
Mm	middag	[m]	minéral
Nn	november	[n]	ananas
ng	id_langt	[ŋ]	parking
Oo [8]	honning	[ɔ]	robinet
Oo [9]	fot, krone	[u]	boulevard
Pp	plomme	[p]	panama
Qq	sequoia	[k]	bocal
Rr	sverge	[r]	racine, rouge
Ss	appelsin	[s]	syndicat
sk [10]	skikk, skyte	[ʃ]	chariot
Tt	stør, torsk	[t]	tennis
Uu	brudd	[y]	Portugal
Vv	kraftverk	[v]	rivière
Ww	webside	[v]	rivière
Xx	mexicaner	[ks]	taxi
Yy	nytte	[ɪ], [i]	citerne
Zz [11]	New Zealand	[s]	dessin, tsar
Ææ	vær, stær	[æ]	maire
Øø	ørn, gjø	[ø]	peu profond
Åå	gås, værhår	[o:]	tableau

Remarques

[1] devant **e, i**
[2] dans les autres cas
[3] non accentué
[4] devant **a, o, u, å**
[5] devant **i** et **y**
[6] dans la combinaison **gn**
[7] devant **i** et **y**
[8] devant deux consonnes
[9] devant une consonne
[10] devant **i** et **y**
[11] uniquement dans les mots d'origine étrangère

ABRÉVIATIONS
employées dans ce livre

Abréviations en français

adj	-	adjective
adv	-	adverbe
anim.	-	animé
conj	-	conjonction
dénombr.	-	dénombrable
etc.	-	et cetera
f	-	nom féminin
f pl	-	féminin pluriel
fam.	-	familiar
fem.	-	féminin
form.	-	formal
inanim.	-	inanimé
indénombr.	-	indénombrable
m	-	nom masculin
m pl	-	masculin pluriel
m, f	-	masculin, féminin
masc.	-	masculin
math	-	mathematics
mil.	-	militaire
pl	-	pluriel
prep	-	préposition
pron	-	pronom
qch	-	quelque chose
qn	-	quelqu'un
sing.	-	singulier
v aux	-	verbe auxiliaire
v imp	-	verbe impersonnel
vi	-	verbe intransitif
vi, vt	-	verbe intransitif, transitif
vp	-	verbe pronominal
vt	-	verbe transitif

Abréviations en norvégien

f	-	nom féminin
f pl	-	féminin pluriel
m	-	nom masculin
m pl	-	masculin pluriel

m/f	-	masculin, neutre
m/f pl	-	masculin/féminin pluriel
m/f/n	-	masculin/féminin/neutre
m/n	-	masculin, féminin
n	-	neutre
n pl	-	neutre pluriel
pl	-	pluriel

CONCEPTS DE BASE

Concepts de base. Partie 1

1. Les pronoms

je	jeg	['jæj]
tu	du	[dʉ]
il	han	['hɑn]
elle	hun	['hʉn]
ça	det, den	['de], ['den]
nous	vi	['vi]
vous	dere	['derə]
ils, elles	de	['de]

2. Adresser des vœux. Se dire bonjour. Se dire au revoir

Bonjour! (fam.)	Hei!	['hæj]
Bonjour! (form.)	Hallo! God dag!	[hɑ'lʉ], [gʉ 'dɑ]
Bonjour! (le matin)	God morn!	[gʉ 'mɔ:n]
Bonjour! (après-midi)	God dag!	[gʉ'dɑ]
Bonsoir!	God kveld!	[gʉ 'kvɛl]
dire bonjour	å hilse	[ɔ 'hilsə]
Salut!	Hei!	['hæj]
salut (m)	hilsen (m)	['hilsən]
saluer (vt)	å hilse	[ɔ 'hilsə]
Comment allez-vous?	Hvordan står det til?	['vʉ:dɑn stoːr de til]
Comment ça va?	Hvordan går det?	['vʉ:dɑn gor de]
Quoi de neuf?	Hva nytt?	[vɑ 'nʏt]
Au revoir! (form.)	Ha det bra!	[hɑ de 'brɑ]
Au revoir! (fam.)	Ha det!	[hɑ 'de]
À bientôt!	Vi ses!	[vi sɛs]
Adieu!	Farvel!	[fɑr'vɛl]
dire au revoir	å si farvel	[ɔ 'si fɑr'vɛl]
Salut! (À bientôt!)	Ha det!	[hɑ 'de]
Merci!	Takk!	['tɑk]
Merci beaucoup!	Tusen takk!	['tʉsən tɑk]
Je vous en prie	Bare hyggelig	['bɑrə 'hʏgeli]
Il n'y a pas de quoi	Ikke noe å takke for!	['ikə 'nʉe ɔ 'tɑkə fɔr]
Pas de quoi	Ingen årsak!	['iŋən 'oːʂɑk]
Excuse-moi!	Unnskyld, …	['ʉnˌʂyl …]
Excusez-moi!	Unnskyld meg, …	['ʉnˌʂyl me …]

excuser (vt)	å unnskylde	[ɔ 'ʉnˌsylə]
s'excuser (vp)	å unnskylde seg	[ɔ 'ʉnˌsylə sæj]
Mes excuses	Jeg ber om unnskyldning	[jæj ber ɔm 'ʉnˌsyldniŋ]
Pardonnez-moi!	Unnskyld!	['ʉnˌsyl]
pardonner (vt)	å tilgi	[ɔ 'tilˌji]
C'est pas grave	Ikke noe problem	['ikə 'nʉe prʊ'blem]
s'il vous plaît	vær så snill	['vær ʂɔ 'snil]
N'oubliez pas!	Ikke glem!	['ikə 'glem]
Bien sûr!	Selvfølgelig!	[sɛl'følgəli]
Bien sûr que non!	Selvfølgelig ikke!	[sɛl'følgəli 'ikə]
D'accord!	OK! Enig!	[ɔ'kɛj], ['ɛni]
Ça suffit!	Det er nok!	[de ær 'nɔk]

3. Comment s'adresser à quelqu'un

Excusez-moi!	Unnskyld, ...	['ʉnˌsyl ...]
monsieur	Herr	['hær]
madame	Fru	['frʉ]
madame (mademoiselle)	Frøken	['frøkən]
jeune homme	unge mann	['ʉŋə ˌmɑn]
petit garçon	guttunge	['gʉtˌʉŋə]
petite fille	frøken	['frøkən]

4. Les nombres cardinaux. Partie 1

zéro	null	['nʉl]
un	en	['en]
deux	to	['tʊ]
trois	tre	['tre]
quatre	fire	['fire]
cinq	fem	['fɛm]
six	seks	['sɛks]
sept	sju	['ʂʉ]
huit	åtte	['ɔtə]
neuf	ni	['ni]
dix	ti	['ti]
onze	elleve	['ɛlvə]
douze	tolv	['tɔl]
treize	tretten	['trɛtən]
quatorze	fjorten	['fjɔːtən]
quinze	femten	['fɛmtən]
seize	seksten	['sæjstən]
dix-sept	sytten	['sʏtən]
dix-huit	atten	['ɑtən]
dix-neuf	nitten	['nitən]
vingt	tjue	['çʉe]
vingt et un	tjueen	['çʉe en]

vingt-deux	tjueto	['çʉe tʊ]
vingt-trois	tjuetre	['çʉe tre]
trente	tretti	['trɛti]
trente et un	trettien	['trɛti en]
trente-deux	trettito	['trɛti tʊ]
trente-trois	trettitre	['trɛti tre]
quarante	førti	['fœ:ţi]
quarante et un	førtien	['fœ:ţi en]
quarante-deux	førtito	['fœ:ţi tʊ]
quarante-trois	førtitre	['fœ:ţi tre]
cinquante	femti	['fɛmti]
cinquante et un	femtien	['fɛmti en]
cinquante-deux	femtito	['fɛmti tʊ]
cinquante-trois	femtitre	['fɛmti tre]
soixante	seksti	['sɛksti]
soixante et un	sekstien	['sɛksti en]
soixante-deux	sekstito	['sɛksti tʊ]
soixante-trois	sekstitre	['sɛksti tre]
soixante-dix	sytti	['sʏti]
soixante et onze	syttien	['sʏti en]
soixante-douze	syttito	['sʏti tʊ]
soixante-treize	syttitre	['sʏti tre]
quatre-vingts	åtti	['ɔti]
quatre-vingt et un	åttien	['ɔti en]
quatre-vingt deux	åttito	['ɔti tʊ]
quatre-vingt trois	åttitre	['ɔti tre]
quatre-vingt-dix	nitti	['niti]
quatre-vingt et onze	nittien	['niti en]
quatre-vingt-douze	nittito	['niti tʊ]
quatre-vingt-treize	nittitre	['niti tre]

5. Les nombres cardinaux. Partie 2

cent	hundre	['hʉndrə]
deux cents	to hundre	['tʊ ˌhʉndrə]
trois cents	tre hundre	['tre ˌhʉndrə]
quatre cents	fire hundre	['fire ˌhʉndrə]
cinq cents	fem hundre	['fɛm ˌhʉndrə]
six cents	seks hundre	['sɛks ˌhʉndrə]
sept cents	syv hundre	['syv ˌhʉndrə]
huit cents	åtte hundre	['ɔtə ˌhʉndrə]
neuf cents	ni hundre	['ni ˌhʉndrə]
mille	tusen	['tʉsən]
deux mille	to tusen	['tʊ ˌtʉsən]
trois mille	tre tusen	['tre ˌtʉsən]

dix mille	ti tusen	['ti ˌtʉsən]
cent mille	hundre tusen	['hʉndrə ˌtʉsən]
million (m)	million (m)	[mi'ljun]
milliard (m)	milliard (m)	[mi'lja:d]

6. Les nombres ordinaux

premier (adj)	første	['fœʂtə]
deuxième (adj)	annen	['anən]
troisième (adj)	tredje	['trɛdjə]
quatrième (adj)	fjerde	['fjæːrə]
cinquième (adj)	femte	['fɛmtə]
sixième (adj)	sjette	['ʂɛtə]
septième (adj)	sjuende	['ʂʉenə]
huitième (adj)	åttende	['ɔtenə]
neuvième (adj)	niende	['nienə]
dixième (adj)	tiende	['tienə]

7. Les nombres. Fractions

fraction (f)	brøk (m)	['brøk]
un demi	en halv	[en 'hal]
un tiers	en tredjedel	[en 'trɛdjəˌdel]
un quart	en fjerdedel	[en 'fjæːrəˌdel]
un huitième	en åttendedel	[en 'ɔtenəˌdel]
un dixième	en tiendedel	[en 'tienəˌdel]
deux tiers	to tredjedeler	['tʉ 'trɛdjəˌdelər]
trois quarts	tre fjerdedeler	['tre 'fjæːrˌdelər]

8. Les nombres. Opérations mathématiques

soustraction (f)	subtraksjon (m)	[sʉbtrak'ʂun]
soustraire (vt)	å subtrahere	[ɔ 'sʉbtraˌherə]
division (f)	divisjon (m)	[divi'ʂun]
diviser (vt)	å dividere	[ɔ divi'derə]
addition (f)	addisjon (m)	[adi'ʂun]
additionner (vt)	å addere	[ɔ a'derə]
ajouter (vt)	å addere	[ɔ a'derə]
multiplication (f)	multiplikasjon (m)	[mʉltiplika'ʂun]
multiplier (vt)	å multiplisere	[ɔ mʉltipli'serə]

9. Les nombres. Divers

chiffre (m)	siffer (n)	['sifər]
nombre (m)	tall (n)	['tal]

adjectif (m) numéral	tallord (n)	['tɑlˌuːr]
moins (m)	minus (n)	['minʉs]
plus (m)	pluss (n)	['plʉs]
formule (f)	formel (m)	['fɔrməl]
calcul (m)	beregning (m/f)	[be'rɛjniŋ]
compter (vt)	å telle	[ɔ 'tɛlə]
calculer (vt)	å telle opp	[ɔ 'tɛlə ɔp]
comparer (vt)	å sammenlikne	[ɔ 'samənˌliknə]
Combien? (indénombr.)	Hvor mye?	[vʊr 'mye]
Combien? (dénombr.)	Hvor mange?	[vʊr 'maŋe]
somme (f)	sum (m)	['sʉm]
résultat (m)	resultat (n)	[resʉl'tat]
reste (m)	rest (m)	['rɛst]
quelques ...	noen	['nʊən]
peu de ... (dénombr.)	få, ikke mange	['fɔ], ['ikə ˌmaŋə]
peu de ... (indénombr.)	lite	['litə]
reste (m)	rest (m)	['rɛst]
un et demi	halvannen	[hal'anən]
douzaine (f)	dusin (n)	[dʉ'sin]
en deux (adv)	i 2 halvdeler	[i tʊ hal'delər]
en parties égales	jevnt	['jɛvnt]
moitié (f)	halvdel (m)	['haldel]
fois (f)	gang (m)	['gaŋ]

10. Les verbes les plus importants. Partie 1

aider (vt)	å hjelpe	[ɔ 'jɛlpə]
aimer (qn)	å elske	[ɔ 'ɛlskə]
aller (à pied)	å gå	[ɔ 'gɔ]
apercevoir (vt)	å bemerke	[ɔ be'mærkə]
appartenir à ...	å tilhøre ...	[ɔ 'tilˌhørə ...]
appeler (au secours)	å tilkalle	[ɔ 'tilˌkalə]
attendre (vt)	å vente	[ɔ 'vɛntə]
attraper (vt)	å fange	[ɔ 'faŋə]
avertir (vt)	å varsle	[ɔ 'vaʂlə]
avoir (vt)	å ha	[ɔ 'ha]
avoir confiance	å stole på	[ɔ 'stʊlə pɔ]
avoir faim	å være sulten	[ɔ 'værə 'sʉltən]
avoir peur	å frykte	[ɔ 'frʏktə]
avoir soif	å være tørst	[ɔ 'værə 'tœʂt]
cacher (vt)	å gjemme	[ɔ 'jɛmə]
casser (briser)	å bryte	[ɔ 'brytə]
cesser (vt)	å slutte	[ɔ 'ʂlʉtə]
changer (vt)	å endre	[ɔ 'ɛndrə]
chasser (animaux)	å jage	[ɔ 'jagə]
chercher (vt)	å søke ...	[ɔ 'søkə ...]

choisir (vt)	å velge	[ɔ 'vɛlgə]
commander (~ le menu)	å bestille	[ɔ bɛ'stilə]
commencer (vt)	å begynne	[ɔ be'jinə]
comparer (vt)	å sammenlikne	[ɔ 'samənˌliknə]
comprendre (vt)	å forstå	[ɔ fɔ'ʂtɔ]
compter (dénombrer)	å telle	[ɔ 'tɛlə]
compter sur ...	å regne med ...	[ɔ 'rɛjnə me ...]
confondre (vt)	å forveksle	[ɔ fɔr'vɛkʂlə]
connaître (qn)	å kjenne	[ɔ 'çɛnə]
conseiller (vt)	å råde	[ɔ 'roːdə]
continuer (vt)	å fortsette	[ɔ 'fɔrtˌsɛtə]
contrôler (vt)	å kontrollere	[ɔ kʉntrɔ'lerə]
courir (vi)	å løpe	[ɔ 'løpə]
coûter (vt)	å koste	[ɔ 'kɔstə]
créer (vt)	å opprette	[ɔ 'ɔpˌrɛtə]
creuser (vt)	å grave	[ɔ 'gravə]
crier (vi)	å skrike	[ɔ 'skrikə]

11. Les verbes les plus importants. Partie 2

décorer (~ la maison)	å pryde	[ɔ 'prydə]
défendre (vt)	å forsvare	[ɔ fɔ'ʂvarə]
déjeuner (vi)	å spise lunsj	[ɔ 'spisə ˌlʉnʂ]
demander (~ l'heure)	å spørre	[ɔ 'spørə]
demander (de faire qch)	å be	[ɔ 'be]
descendre (vi)	å gå ned	[ɔ 'gɔ ne]
deviner (vt)	å gjette	[ɔ 'jɛtə]
dîner (vi)	å spise middag	[ɔ 'spisə 'miˌda]
dire (vt)	å si	[ɔ 'si]
diriger (~ une usine)	å styre, å lede	[ɔ 'styrə], [ɔ 'ledə]
discuter (vt)	å diskutere	[ɔ diskʉ'terə]
donner (vt)	å gi	[ɔ 'ji]
donner un indice	å gi et vink	[ɔ 'ji et 'vink]
douter (vt)	å tvile	[ɔ 'tvilə]
écrire (vt)	å skrive	[ɔ 'skrivə]
entendre (bruit, etc.)	å høre	[ɔ 'hørə]
entrer (vi)	å komme inn	[ɔ 'kɔmə in]
envoyer (vt)	å sende	[ɔ 'sɛnə]
espérer (vi)	å håpe	[ɔ 'hoːpə]
essayer (vt)	å prøve	[ɔ 'prøvə]
être (vi)	å være	[ɔ 'væːrə]
être d'accord	å samtykke	[ɔ 'samˌtʏkə]
être nécessaire	å være behøv	[ɔ 'væːrə bə'høv]
être pressé	å skynde seg	[ɔ 'ʂynə sæj]
étudier (vt)	å studere	[ɔ stʉ'derə]
excuser (vt)	å unnskylde	[ɔ 'ʉnˌʂylə]

exiger (vt)	å kreve	[ɔ 'krevə]
exister (vi)	å eksistere	[ɔ ɛksi'sterə]
expliquer (vt)	å forklare	[ɔ fɔr'klarə]
faire (vt)	å gjøre	[ɔ 'jørə]
faire tomber	å tappe	[ɔ 'tapə]
finir (vt)	å slutte	[ɔ 'slʉtə]
garder (conserver)	å beholde	[ɔ be'hɔlə]
gronder, réprimander (vt)	å skjelle	[ɔ 'ʂɛːlə]
informer (vt)	å informere	[ɔ infɔr'merə]
insister (vi)	å insistere	[ɔ insi'sterə]
insulter (vt)	å fornærme	[ɔ fɔː'nærmə]
inviter (vt)	å innby, å invitere	[ɔ 'inby], [ɔ invi'terə]
jouer (s'amuser)	å leke	[ɔ 'lekə]

12. Les verbes les plus importants. Partie 3

libérer (ville, etc.)	å befri	[ɔ be'fri]
lire (vi, vt)	å lese	[ɔ 'lesə]
louer (prendre en location)	å leie	[ɔ 'læjə]
manquer (l'école)	å skulke	[ɔ 'skʉlkə]
menacer (vt)	å true	[ɔ 'trʉə]
mentionner (vt)	å omtale, å nevne	[ɔ 'ɔm,talə], [ɔ 'nɛvnə]
montrer (vt)	å vise	[ɔ 'visə]
nager (vi)	å svømme	[ɔ 'svœmə]
objecter (vt)	å innvende	[ɔ 'in,vɛnə]
observer (vt)	å observere	[ɔ ɔbsɛr'verə]
ordonner (mil.)	å beordre	[ɔ be'ɔrdrə]
oublier (vt)	å glemme	[ɔ 'glemə]
ouvrir (vt)	å åpne	[ɔ 'ɔpnə]
pardonner (vt)	å tilgi	[ɔ 'til,ji]
parler (vi, vt)	å tale	[ɔ 'talə]
participer à ...	å delta	[ɔ 'dɛlta]
payer (régler)	å betale	[ɔ be'talə]
penser (vi, vt)	å tenke	[ɔ 'tɛnkə]
permettre (vt)	å tillate	[ɔ 'ti,latə]
plaire (être apprécié)	å like	[ɔ 'likə]
plaisanter (vi)	å spøke	[ɔ 'spøkə]
planifier (vt)	å planlegge	[ɔ 'plan,legə]
pleurer (vi)	å gråte	[ɔ 'groːtə]
posséder (vt)	å besidde, å eie	[ɔ bɛ'sidə], [ɔ 'æjə]
pouvoir (v aux)	å kunne	[ɔ 'kʉnə]
préférer (vt)	å foretrekke	[ɔ 'fɔrə,trɛkə]
prendre (vt)	å ta	[ɔ 'ta]
prendre en note	å skrive ned	[ɔ 'skrivə ne]
prendre le petit déjeuner	å spise frokost	[ɔ 'spisə ,frʉkɔst]
préparer (le dîner)	å lage	[ɔ 'lagə]
prévoir (vt)	å forutse	[ɔ 'fɔrʉt,se]

prier (~ Dieu)	å be	[ɔ 'be]
promettre (vt)	å love	[ɔ 'lɔvə]
prononcer (vt)	å uttale	[ɔ 'ʉtˌtɑlə]
proposer (vt)	å foreslå	[ɔ 'fɔrəˌslɔ]
punir (vt)	å straffe	[ɔ 'strɑfə]

13. Les verbes les plus importants. Partie 4

recommander (vt)	å anbefale	[ɔ 'ɑnbeˌfɑlə]
regretter (vt)	å beklage	[ɔ be'klɑgə]
répéter (dire encore)	å gjenta	[ɔ 'jɛntɑ]
répondre (vi, vt)	å svare	[ɔ 'svɑrə]
réserver (une chambre)	å reservere	[ɔ resɛr'verə]

rester silencieux	å tie	[ɔ 'tie]
réunir (regrouper)	å forene	[ɔ fɔ'renə]
rire (vi)	å le, å skratte	[ɔ 'le], [ɔ 'skrɑtə]
s'arrêter (vp)	å stoppe	[ɔ 'stɔpə]
s'asseoir (vp)	å sette seg	[ɔ 'sɛtə sæj]

sauver (la vie à qn)	å redde	[ɔ 'rɛdə]
savoir (qch)	å vite	[ɔ 'vitə]
se baigner (vp)	å bade	[ɔ 'bɑdə]
se plaindre (vp)	å klage	[ɔ 'klɑgə]
se refuser (vp)	å vegre seg	[ɔ 'vɛgrə sæj]

se tromper (vp)	å gjøre feil	[ɔ 'jørə ˌfæjl]
se vanter (vp)	å prale	[ɔ 'prɑlə]
s'étonner (vp)	å bli forundret	[ɔ 'bli fɔ'rʉndrət]
s'excuser (vp)	å unnskylde seg	[ɔ 'ʉnˌsylə sæj]
signer (vt)	å underskrive	[ɔ 'ʉnəˌskrivə]

signifier (vt)	å bety	[ɔ 'bety]
s'intéresser (vp)	å interessere seg	[ɔ intərə'serə sæj]
sortir (aller dehors)	å gå ut	[ɔ 'gɔ ʉt]
sourire (vi)	å smile	[ɔ 'smilə]
sous-estimer (vt)	å undervurdere	[ɔ 'ʉnərvʉːˌderə]

suivre ... (suivez-moi)	å følge etter ...	[ɔ 'følə 'ɛtər ...]
tirer (vi)	å skyte	[ɔ 'ṣytə]
tomber (vi)	å falle	[ɔ 'fɑlə]
toucher (avec les mains)	å røre	[ɔ 'rørə]
tourner (~ à gauche)	å svinge	[ɔ 'sviŋə]

traduire (vt)	å oversette	[ɔ 'ɔvəˌsɛtə]
travailler (vi)	å arbeide	[ɔ 'ɑrˌbæjdə]
tromper (vt)	å fuske	[ɔ 'fʉskə]
trouver (vt)	å finne	[ɔ 'finə]
tuer (vt)	å døde, å myrde	[ɔ 'dødə], [ɔ 'myːdə]
vendre (vt)	å selge	[ɔ 'sɛlə]

venir (vi)	å ankomme	[ɔ 'ɑnˌkɔmə]
voir (vt)	å se	[ɔ 'se]
voler (avion, oiseau)	å fly	[ɔ 'fly]

| voler (qch à qn) | å stjele | [ɔ 'stjelə] |
| vouloir (vt) | å ville | [ɔ 'vilə] |

14. Les couleurs

couleur (f)	farge (m)	['fɑrgə]
teinte (f)	nyanse (m)	[ny'ɑnse]
ton (m)	fargetone (m)	['fɑrgə,tʉnə]
arc-en-ciel (m)	regnbue (m)	['ræjn,bʉːə]

blanc (adj)	hvit	['vit]
noir (adj)	svart	['svɑːt]
gris (adj)	grå	['grɔ]

vert (adj)	grønn	['grœn]
jaune (adj)	gul	['gʉl]
rouge (adj)	rød	['rø]

bleu (adj)	blå	['blɔ]
bleu clair (adj)	lyseblå	['lysə,blɔ]
rose (adj)	rosa	['rosɑ]
orange (adj)	oransje	[ɔ'rɑnṣɛ]
violet (adj)	fiolett	[fiʊ'let]
brun (adj)	brun	['brʉn]

| d'or (adj) | gullgul | ['gʉl] |
| argenté (adj) | sølv- | ['søl-] |

beige (adj)	beige	['bɛːṣ]
crème (adj)	kremfarget	['krɛm,fɑrgət]
turquoise (adj)	turkis	[tʉrˈkis]
rouge cerise (adj)	kirsebærrød	['çiṣəbær,rød]
lilas (adj)	lilla	['lilɑ]
framboise (adj)	karminrød	['kɑrmʊ'sin,rød]

clair (adj)	lys	['lys]
foncé (adj)	mørk	['mœrk]
vif (adj)	klar	['klɑr]

de couleur (adj)	farge-	['fɑrgə-]
en couleurs (adj)	farge-	['fɑrgə-]
noir et blanc (adj)	svart-hvit	['svɑːt̬ vit]
unicolore (adj)	ensfarget	['ɛns,fɑrgət]
multicolore (adj)	mangefarget	['mɑŋə,fɑrgət]

15. Les questions

Qui?	Hvem?	['vɛm]
Quoi?	Hva?	['vɑ]
Où? (~ es-tu?)	Hvor?	['vʊr]
Où? (~ vas-tu?)	Hvorhen?	['vʊrhen]
D'où?	Hvorfra?	['vʊrfrɑ]

Quand?	Når?	[nɔr]
Pourquoi? (~ es-tu venu?)	Hvorfor?	['vʊrfʊr]
Pourquoi? (~ t'es pâle?)	Hvorfor?	['vʊrfʊr]
À quoi bon?	Hvorfor?	['vʊrfʊr]
Comment?	Hvordan?	['vuːdɑn]
Quel? (à ~ prix?)	Hvilken?	['vilkən]
Lequel?	Hvilken?	['vilkən]
À qui? (pour qui?)	Til hvem?	[til 'vɛm]
De qui?	Om hvem?	[ɔm 'vɛm]
De quoi?	Om hva?	[ɔm 'vɑ]
Avec qui?	Med hvem?	[me 'vɛm]
Combien? (dénombr.)	Hvor mange?	[vʊr 'mɑŋə]
Combien? (indénombr.)	Hvor mye?	[vʊr 'mye]
À qui? (~ est ce livre?)	Hvis?	['vis]

16. Les prépositions

avec (~ toi)	med	[me]
sans (~ sucre)	uten	['ʉtən]
à (aller ~ ...)	til	['til]
de (au sujet de)	om	['ɔm]
avant (~ midi)	før	['før]
devant (~ la maison)	foran, framfor	['fɔrɑn], ['frɑmfɔr]
sous (~ la commode)	under	['ʉnər]
au-dessus de ...	over	['ɔvər]
sur (dessus)	på	['pɔ]
de (venir ~ Paris)	fra	['frɑ]
en (en bois, etc.)	av	[ɑː]
dans (~ deux heures)	om	['ɔm]
par dessus	over	['ɔvər]

17. Les mots-outils. Les adverbes. Partie 1

Où? (~ es-tu?)	Hvor?	['vʊr]
ici (c'est ~)	her	['hɛr]
là-bas (c'est ~)	der	['dɛr]
quelque part (être)	et sted	[et 'sted]
nulle part (adv)	ingensteds	['iŋənˌstɛts]
près de ...	ved	['ve]
près de la fenêtre	ved vinduet	[ve 'vindʉə]
Où? (~ vas-tu?)	Hvorhen?	['vʊrhen]
ici (Venez ~)	hit	['hit]
là-bas (j'irai ~)	dit	['dit]
d'ici (adv)	herfra	['hɛrˌfrɑ]

de là-bas (adv)	derfra	['dɛrˌfra]
près (pas loin)	nær	['nær]
loin (adv)	langt	['laŋt]
près de (~ Paris)	nær	['nær]
tout près (adv)	i nærheten	[i 'nærˌhetən]
pas loin (adv)	ikke langt	['ikə 'laŋt]
gauche (adj)	venstre	['vɛnstrə]
à gauche (être ~)	til venstre	[til 'vɛnstrə]
à gauche (tournez ~)	til venstre	[til 'vɛnstrə]
droit (adj)	høyre	['højrə]
à droite (être ~)	til høyre	[til 'højrə]
à droite (tournez ~)	til høyre	[til 'højrə]
devant (adv)	foran	['fɔran]
de devant (adj)	fremre	['frɛmrə]
en avant (adv)	fram	['fram]
derrière (adv)	bakom	['bakɔm]
par derrière (adv)	bakfra	['bakˌfra]
en arrière (regarder ~)	tilbake	[til'bakə]
milieu (m)	midt (m)	['mit]
au milieu (adv)	i midten	[i 'mitən]
de côté (vue ~)	fra siden	[fra 'sidən]
partout (adv)	overalt	[ɔvər'alt]
autour (adv)	rundt omkring	['rʉnt ɔm'kriŋ]
de l'intérieur	innefra	['inəˌfra]
quelque part (aller)	et sted	[et 'sted]
tout droit (adv)	rett, direkte	['rɛt], ['di'rɛktə]
en arrière (revenir ~)	tilbake	[til'bakə]
de quelque part (n'import d'où)	et eller annet steds fra	[et 'elər ˌaːnt 'stɛts fra]
de quelque part (on ne sait pas d'où)	et eller annet steds fra	[et 'elər ˌaːnt 'stɛts fra]
premièrement (adv)	for det første	[fɔr de 'fœştə]
deuxièmement (adv)	for det annet	[fɔr de 'aːnt]
troisièmement (adv)	for det tredje	[fɔr de 'trɛdje]
soudain (adv)	plutselig	['plʉtseli]
au début (adv)	i begynnelsen	[i be'jinəlsən]
pour la première fois	for første gang	[fɔr 'fœştə ˌgaŋ]
bien avant ...	lenge før ...	['leŋə 'før ...]
de nouveau (adv)	på nytt	[pɔ 'nʏt]
pour toujours (adv)	for godt	[fɔr 'gɔt]
jamais (adv)	aldri	['aldri]
de nouveau, encore (adv)	igjen	[i'jɛn]
maintenant (adv)	nå	['nɔ]
souvent (adv)	ofte	['ɔftə]

alors (adv)	da	['da]
d'urgence (adv)	omgående	['ɔm,gɔ:nə]
d'habitude (adv)	vanligvis	['vɑnli,vis]
à propos, ...	forresten, ...	[fɔ'rɛstən ...]
c'est possible	mulig, kanskje	['mʉli], ['kanṣə]
probablement (adv)	sannsynligvis	[sɑn'sʏnli,vis]
peut-être (adv)	kanskje	['kanṣə]
en plus, ...	dessuten, ...	[des'ʉtən ...]
c'est pourquoi ...	derfor ...	['dɛrfor ...]
malgré ...	på tross av ...	['pɔ 'trɔs ɑ: ...]
grâce à ...	takket være ...	['tɑkət ,værə ...]
quoi (pron)	hva	['vɑ]
que (conj)	at	[ɑt]
quelque chose (Il m'est arrivé ~)	noe	['nʊe]
quelque chose (peut-on faire ~)	noe	['nʊe]
rien (m)	ingenting	['iŋəntiŋ]
qui (pron)	hvem	['vɛm]
quelqu'un (on ne sait pas qui)	noen	['nʊən]
quelqu'un (n'importe qui)	noen	['nʊən]
personne (pron)	ingen	['iŋən]
nulle part (aller ~)	ingensteds	['iŋən,stɛts]
de personne	ingens	['iŋəns]
de n'importe qui	noens	['nʊəns]
comme ça (adv)	så	['sɔ:]
également (adv)	også	['ɔsɔ]
aussi (adv)	også	['ɔsɔ]

18. Les mots-outils. Les adverbes. Partie 2

Pourquoi?	Hvorfor?	['vʊrfʊr]
pour une certaine raison	av en eller annen grunn	[ɑ: en elər 'ɑnən ,grʉn]
parce que ...	fordi ...	[fɔ'di ...]
pour une raison quelconque	av en eller annen grunn	[ɑ: en elər 'ɑnən ,grʉn]
et (conj)	og	['ɔ]
ou (conj)	eller	['elər]
mais (conj)	men	['men]
pour ... (prep)	for, til	[for], [til]
trop (adv)	for, altfor	['for], ['altfor]
seulement (adv)	bare	['barə]
précisément (adv)	presis, eksakt	[prɛ'sis], [ɛk'sɑkt]
près de ... (prep)	cirka	['sirkɑ]
approximativement	omtrent	[ɔm'trɛnt]
approximatif (adj)	omtrentlig	[ɔm'trɛntli]
presque (adv)	nesten	['nɛstən]

reste (m)	rest (m)	['rɛst]
l'autre (adj)	den annen	[den 'anən]
autre (adj)	andre	['andrə]
chaque (adj)	hver	['vɛr]
n'importe quel (adj)	hvilken som helst	['vilkən sɔm 'hɛlst]
beaucoup (adv)	mye	['mye]
plusieurs (pron)	mange	['maŋə]
tous	alle	['alə]
en échange de ...	til gjengjeld for ...	[til 'jɛnjɛl fɔr ...]
en échange (adv)	istedenfor	[i'steden,fɔr]
à la main (adv)	for hånd	[fɔr 'hɔn]
peu probable (adj)	neppe	['nepə]
probablement (adv)	sannsynligvis	[sɑn'sʏnli,vis]
exprès (adv)	med vilje	[me 'vilje]
par accident (adv)	tilfeldigvis	[til'fɛldivis]
très (adv)	meget	['megət]
par exemple (adv)	for eksempel	[fɔr ɛk'sɛmpəl]
entre (prep)	mellom	['mɛlɔm]
parmi (prep)	blant	['blant]
autant (adv)	så mye	['sɔ: mye]
surtout (adv)	særlig	['sæː[i]

Concepts de base. Partie 2

19. Les jours de la semaine

lundi (m)	mandag (m)	['manˌda]
mardi (m)	tirsdag (m)	['tiʂˌda]
mercredi (m)	onsdag (m)	['ʊnsˌda]
jeudi (m)	torsdag (m)	['tɔʂˌda]
vendredi (m)	fredag (m)	['frɛˌda]
samedi (m)	lørdag (m)	['lørˌda]
dimanche (m)	søndag (m)	['sønˌda]
aujourd'hui (adv)	i dag	[i 'da]
demain (adv)	i morgen	[i 'mɔːən]
après-demain (adv)	i overmorgen	[i 'ɔvərˌmɔːən]
hier (adv)	i går	[i 'gɔr]
avant-hier (adv)	i forgårs	[i 'fɔrˌgɔʂ]
jour (m)	dag (m)	['da]
jour (m) ouvrable	arbeidsdag (m)	['arbæjdsˌda]
jour (m) férié	festdag (m)	['fɛstˌda]
jour (m) de repos	fridag (m)	['friˌda]
week-end (m)	ukeslutt (m), helg (f)	['ʉkəˌʂlʉt], ['hɛlg]
toute la journée	hele dagen	['helə 'dagən]
le lendemain	neste dag	['nɛstə ˌda]
il y a 2 jours	for to dager siden	[fɔr tʉ 'dagər ˌsidən]
la veille	dagen før	['dagən 'før]
quotidien (adj)	daglig	['dagli]
tous les jours	hver dag	['vɛr da]
semaine (f)	uke (m/f)	['ʉkə]
la semaine dernière	siste uke	['sistə 'ʉkə]
la semaine prochaine	i neste uke	[i 'nɛstə 'ʉkə]
hebdomadaire (adj)	ukentlig	['ʉkəntli]
chaque semaine	hver uke	['vɛr 'ʉkə]
2 fois par semaine	to ganger per uke	['tʉ 'gaŋər per 'ʉkə]
tous les mardis	hver tirsdag	['vɛr 'tiʂda]

20. Les heures. Le jour et la nuit

matin (m)	morgen (m)	['mɔːən]
le matin	om morgenen	[ɔm 'mɔːənən]
midi (m)	middag (m)	['miˌda]
dans l'après-midi	om ettermiddagen	[ɔm 'ɛtərˌmidagən]
soir (m)	kveld (m)	['kvɛl]
le soir	om kvelden	[ɔm 'kvɛlən]

nuit (f)	natt (m/f)	['nɑt]
la nuit	om natta	[ɔm 'nɑtɑ]
minuit (f)	midnatt (m/f)	['mid‚nɑt]
seconde (f)	sekund (m/n)	[se'kʉn]
minute (f)	minutt (n)	[mi'nʉt]
heure (f)	time (m)	['timə]
demi-heure (f)	halvtime (m)	['hɑl‚timə]
un quart d'heure	kvarter (n)	[kvɑ:ʈer]
quinze minutes	femten minutter	['fɛmtən mi'nʉtər]
vingt-quatre heures	døgn (n)	['døjn]
lever (m) du soleil	soloppgang (m)	['sʉlɔp‚gɑŋ]
aube (f)	daggry (n)	['dɑg‚gry]
point (m) du jour	tidlig morgen (m)	['tili 'mɔ:ən]
coucher (m) du soleil	solnedgang (m)	['sʉlned‚gɑŋ]
tôt le matin	tidlig om morgenen	['tili ɔm 'mɔ:enən]
ce matin	i morges	[i 'mɔrəs]
demain matin	i morgen tidlig	[i 'mɔ:ən 'tili]
cet après-midi	i formiddag	[i 'fɔrmi‚dɑ]
dans l'après-midi	om ettermiddagen	[ɔm 'ɛtər‚midɑgən]
demain après-midi	i morgen ettermiddag	[i 'mɔ:ən 'ɛtər‚midɑ]
ce soir	i kveld	[i 'kvɛl]
demain soir	i morgen kveld	[i 'mɔ:ən ‚kvɛl]
à 3 heures précises	presis klokka tre	[prɛ'sis 'klɔkɑ tre]
autour de 4 heures	ved fire-tiden	[ve 'fire ‚tidən]
vers midi	innen klokken tolv	['inən 'klɔkən tɔl]
dans 20 minutes	om tjue minutter	[ɔm 'çʉə mi'nʉtər]
dans une heure	om en time	[ɔm en 'timə]
à temps	i tide	[i 'tidə]
... moins le quart	kvart på ...	['kvɑ:ʈ pɔ ...]
en une heure	innen en time	['inən en 'timə]
tous les quarts d'heure	hvert kvarter	['vɛ:ʈ kvɑ:ʈer]
24 heures sur 24	døgnet rundt	['døjne ‚rʉnt]

21. Les mois. Les saisons

janvier (m)	januar (m)	['jɑnʉ‚ɑr]
février (m)	februar (m)	['febrʉ‚ɑr]
mars (m)	mars (m)	['mɑʂ]
avril (m)	april (m)	[ɑ'pril]
mai (m)	mai (m)	['mɑj]
juin (m)	juni (m)	['jʉni]
juillet (m)	juli (m)	['jʉli]
août (m)	august (m)	[aʉ'gʉst]
septembre (m)	september (m)	[sep'tɛmbər]
octobre (m)	oktober (m)	[ɔk'tʉbər]

novembre (m)	november (m)	[nʊ'vɛmbər]
décembre (m)	desember (m)	[de'sɛmbər]
printemps (m)	vår (m)	['vɔːr]
au printemps	om våren	[ɔm 'voːrən]
de printemps (adj)	vår-, vårlig	['vɔːr-], ['vɔːˌli]
été (m)	sommer (m)	['sɔmər]
en été	om sommeren	[ɔm 'sɔmərən]
d'été (adj)	sommer-	['sɔmər-]
automne (m)	høst (m)	['høst]
en automne	om høsten	[ɔm 'høstən]
d'automne (adj)	høst-, høstlig	['høst-], ['høstli]
hiver (m)	vinter (m)	['vintər]
en hiver	om vinteren	[ɔm 'vintərən]
d'hiver (adj)	vinter-	['vintər-]
mois (m)	måned (m)	['moːnət]
ce mois	denne måneden	['dɛnə 'moːnedən]
le mois prochain	neste måned	['nɛstə 'moːnət]
le mois dernier	forrige måned	['fɔriə ˌmoːnət]
il y a un mois	for en måned siden	[fɔr en 'moːnət ˌsidən]
dans un mois	om en måned	[ɔm en 'moːnət]
dans 2 mois	om to måneder	[ɔm 'tʉ 'moːnedər]
tout le mois	en hel måned	[en 'hel 'moːnət]
tout un mois	hele måned	['helə 'moːnət]
mensuel (adj)	månedlig	['moːnədli]
mensuellement	månedligt	['moːnedlət]
chaque mois	hver måned	[ˌvɛr 'moːnət]
2 fois par mois	to ganger per måned	['tʉ 'ɡaŋər per 'moːnət]
année (f)	år (n)	['ɔr]
cette année	i år	[i 'oːr]
l'année prochaine	neste år	['nɛstə ˌoːr]
l'année dernière	i fjor	[i 'fjɔr]
il y a un an	for et år siden	[fɔr et 'oːr ˌsidən]
dans un an	om et år	[ɔm et 'oːr]
dans 2 ans	om to år	[ɔm 'tʉ 'oːr]
toute l'année	hele året	['helə 'oːre]
toute une année	hele året	['helə 'oːre]
chaque année	hvert år	['vɛːʈ 'oːr]
annuel (adj)	årlig	['oːˌli]
annuellement	årlig, hvert år	['oːˌli], ['vɛːʈ 'ɔr]
4 fois par an	fire ganger per år	['fire 'ɡaŋər per 'oːr]
date (f) (jour du mois)	dato (m)	['datʊ]
date (f) (~ mémorable)	dato (m)	['datʊ]
calendrier (m)	kalender (m)	[ka'lendər]
six mois	halvår (n)	['halˌoːr]
semestre (m)	halvår (n)	['halˌoːr]

saison (f)	årstid (m/f)	['oːʂˌtid]
siècle (m)	århundre (n)	['ɔrˌhʉndrə]

22. Les unités de mesure

poids (m)	vekt (m)	['vɛkt]
longueur (f)	lengde (m/f)	['leŋdə]
largeur (f)	bredde (m)	['brɛdə]
hauteur (f)	høyde (m)	['højdə]
profondeur (f)	dybde (m)	['dʏbdə]
volume (m)	volum (n)	[vɔ'lʉm]
aire (f)	areal (n)	[ˌɑre'ɑl]
gramme (m)	gram (n)	['grɑm]
milligramme (m)	milligram (n)	['miliˌgrɑm]
kilogramme (m)	kilogram (n)	['çiluˌgrɑm]
tonne (f)	tonn (m/n)	['tɔn]
livre (f)	pund (n)	['pʉn]
once (f)	unse (m)	['ʉnsə]
mètre (m)	meter (m)	['metər]
millimètre (m)	millimeter (m)	['miliˌmetər]
centimètre (m)	centimeter (m)	['sɛntiˌmetər]
kilomètre (m)	kilometer (m)	['çiluˌmetər]
mille (m)	mil (m/f)	['mil]
pouce (m)	tomme (m)	['tɔmə]
pied (m)	fot (m)	['fʊt]
yard (m)	yard (m)	['jɑːrd]
mètre (m) carré	kvadratmeter (m)	[kvɑ'drɑtˌmetər]
hectare (m)	hektar (n)	['hɛktɑr]
litre (m)	liter (m)	['litər]
degré (m)	grad (m)	['grɑd]
volt (m)	volt (m)	['vɔlt]
ampère (m)	ampere (m)	[ɑm'pɛr]
cheval-vapeur (m)	hestekraft (m/f)	['hɛstəˌkrɑft]
quantité (f)	mengde (m)	['mɛŋdə]
un peu de ...	få ...	['fɔ ...]
moitié (f)	halvdel (m)	['hɑldel]
douzaine (f)	dusin (n)	[dʉ'sin]
pièce (f)	stykke (n)	['stʏkə]
dimension (f)	størrelse (m)	['stœrəlsə]
échelle (f) (de la carte)	målestokk (m)	['mɔːləˌstɔk]
minimal (adj)	minimal	[mini'mɑl]
le plus petit (adj)	minste	['minstə]
moyen (adj)	middel-	['midəl-]
maximal (adj)	maksimal	[mɑksi'mɑl]
le plus grand (adj)	største	['stœʂtə]

23. Les récipients

bocal (m) en verre	glaskrukke (m/f)	['glas‚krʉkə]
boîte, canette (f)	boks (m)	['bɔks]
seau (m)	bøtte (m/f)	['bœtə]
tonneau (m)	tønne (m)	['tœnə]
bassine, cuvette (f)	vaskefat (n)	['vaskə‚fɑt]
cuve (f)	tank (m)	['tank]
flasque (f)	lommelerke (m/f)	['lʉmə‚lærkə]
jerrican (m)	bensinkanne (m/f)	[bɛn'sin‚kɑnə]
citerne (f)	tank (m)	['tank]
tasse (f), mug (m)	krus (n)	['krʉs]
tasse (f)	kopp (m)	['kɔp]
soucoupe (f)	tefat (n)	['te‚fɑt]
verre (m) (~ d'eau)	glass (n)	['glɑs]
verre (m) à vin	vinglass (n)	['vin‚glɑs]
faitout (m)	gryte (m/f)	['grytə]
bouteille (f)	flaske (m)	['flɑskə]
goulot (m)	flaskehals (m)	['flɑskə‚hɑls]
carafe (f)	karaffel (m)	[kɑ'rɑfəl]
pichet (m)	mugge (m/f)	['mʉgə]
récipient (m)	beholder (m)	[be'hɔlər]
pot (m)	pott, potte (m)	['pɔt], ['pɔtə]
vase (m)	vase (m)	['vɑsə]
flacon (m)	flakong (m)	[flɑ'kɔŋ]
fiole (f)	flaske (m/f)	['flɑskə]
tube (m)	tube (m)	['tʉbə]
sac (m) (grand ~)	sekk (m)	['sɛk]
sac (m) (~ en plastique)	pose (m)	['pʉsə]
paquet (m) (~ de cigarettes)	pakke (m/f)	['pɑkə]
boîte (f)	eske (m/f)	['ɛskə]
caisse (f)	kasse (m/f)	['kɑsə]
panier (m)	kurv (m)	['kʉrv]

L'HOMME

L'homme. Le corps humain

24. La tête

tête (f)	hode (n)	['hʊdə]
visage (m)	ansikt (n)	['ɑnsikt]
nez (m)	nese (m/f)	['nesə]
bouche (f)	munn (m)	['mʉn]
œil (m)	øye (n)	['øjə]
les yeux	øyne (n pl)	['øjnə]
pupille (f)	pupill (m)	[pʉ'pil]
sourcil (m)	øyenbryn (n)	['øjənˌbryn]
cil (m)	øyenvipp (m)	['øjənˌvip]
paupière (f)	øyelokk (m)	['øjəˌlɔk]
langue (f)	tunge (m/f)	['tʉŋə]
dent (f)	tann (m/f)	['tɑn]
lèvres (f pl)	lepper (m/f pl)	['lepər]
pommettes (f pl)	kinnbein (n pl)	['çinˌbæjn]
gencive (f)	tannkjøtt (n)	['tɑnˌçœt]
palais (m)	gane (m)	['gɑnə]
narines (f pl)	nesebor (n pl)	['nesəˌbʊr]
menton (m)	hake (m/f)	['hɑkə]
mâchoire (f)	kjeve (m)	['çɛvə]
joue (f)	kinn (n)	['çin]
front (m)	panne (m/f)	['pɑnə]
tempe (f)	tinning (m)	['tiniŋ]
oreille (f)	øre (n)	['ørə]
nuque (f)	bakhode (n)	['bɑkˌhɔdə]
cou (m)	hals (m)	['hɑls]
gorge (f)	strupe, hals (m)	['strʉpə], ['hɑls]
cheveux (m pl)	hår (n pl)	['hɔr]
coiffure (f)	frisyre (m)	[fri'syrə]
coupe (f)	hårfasong (m)	['hoːrfɑˌsɔŋ]
perruque (f)	parykk (m)	[pɑ'rʏk]
moustache (f)	mustasje (m)	[mʉ'stɑʂə]
barbe (f)	skjegg (n)	['ʂɛg]
porter (~ la barbe)	å ha	[ɔ 'hɑ]
tresse (f)	flette (m/f)	['fletə]
favoris (m pl)	bakkenbarter (pl)	['bɑkənˌbɑːʈər]
roux (adj)	rødhåret	['røˌhoːrət]
gris, grisonnant (adj)	grå	['grɔ]

chauve (adj)	skallet	['skɑlət]
calvitie (f)	skallet flekk (m)	['skɑlət ˌflek]
queue (f) de cheval	hestehale (m)	['hɛstəˌhɑlə]
frange (f)	pannelugg (m)	['pɑnəˌlʉg]

25. Le corps humain

main (f)	hånd (m/f)	['hɔn]
bras (m)	arm (m)	['ɑrm]
doigt (m)	finger (m)	['fiŋər]
orteil (m)	tå (m/f)	['tɔ]
pouce (m)	tommel (m)	['tɔməl]
petit doigt (m)	lillefinger (m)	['liləˌfiŋər]
ongle (m)	negl (m)	['nɛjl]
poing (m)	knyttneve (m)	['knʏtˌnevə]
paume (f)	håndflate (m/f)	['hɔnˌflɑtə]
poignet (m)	håndledd (n)	['hɔnˌled]
avant-bras (m)	underarm (m)	['ʉnərˌɑrm]
coude (m)	albue (m)	['ɑlˌbʉə]
épaule (f)	skulder (m)	['skʉldər]
jambe (f)	bein (n)	['bæjn]
pied (m)	fot (m)	['fʊt]
genou (m)	kne (n)	['knɛ]
mollet (m)	legg (m)	['leg]
hanche (f)	hofte (m)	['hoftə]
talon (m)	hæl (m)	['hæl]
corps (m)	kropp (m)	['krɔp]
ventre (m)	mage (m)	['mɑgə]
poitrine (f)	bryst (n)	['brʏst]
sein (m)	bryst (n)	['brʏst]
côté (m)	side (m/f)	['sidə]
dos (m)	rygg (m)	['rʏg]
reins (région lombaire)	korsrygg (m)	['kɔːʂˌrʏg]
taille (f) (~ de guêpe)	liv (n), midje (m/f)	['liv], ['midjə]
nombril (m)	navle (m)	['nɑvlə]
fesses (f pl)	rumpeballer (m pl)	['rʉmpəˌbɑlər]
derrière (m)	bak (m)	['bɑk]
grain (m) de beauté	føflekk (m)	['føˌflek]
tache (f) de vin	fødselsmerke (n)	['føtsəlsˌmærkə]
tatouage (m)	tatovering (m/f)	[tɑtʊ'vɛrin]
cicatrice (f)	arr (n)	['ɑr]

Les vêtements & les accessoires

26. Les vêtements d'extérieur

vêtement (m)	klær (n)	['klær]
survêtement (m)	yttertøy (n)	['ytə,tøj]
vêtement (m) d'hiver	vinterklær (n pl)	['vintər,klær]
manteau (m)	frakk (m), kåpe (m/f)	['frɑk], ['koːpə]
manteau (m) de fourrure	pels (m), pelskåpe (m/f)	['pɛls], ['pɛls,koːpə]
veste (f) de fourrure	pelsjakke (m/f)	['pɛls,jakə]
manteau (m) de duvet	dunjakke (m/f)	['dʉn,jakə]
veste (f) (~ en cuir)	jakke (m/f)	['jakə]
imperméable (m)	regnfrakk (m)	['ræjn,frɑk]
imperméable (adj)	vanntett	['vɑn,tɛt]

27. Men's & women's clothing

chemise (f)	skjorte (m/f)	['ʂœːtə]
pantalon (m)	bukse (m)	['bʉksə]
jean (m)	jeans (m)	['dʒins]
veston (m)	dressjakke (m/f)	['drɛs,jakə]
complet (m)	dress (m)	['drɛs]
robe (f)	kjole (m)	['çʉlə]
jupe (f)	skjørt (n)	['ʂøːt]
chemisette (f)	bluse (m)	['blʉsə]
veste (f) en laine	strikket trøye (m/f)	['strikə 'trøjə]
jaquette (f), blazer (m)	blazer (m)	['blæsər]
tee-shirt (m)	T-skjorte (m/f)	['te,ʂœːtə]
short (m)	shorts (m)	['ʂɔːts]
costume (m) de sport	treningsdrakt (m/f)	['treniŋs,drɑkt]
peignoir (m) de bain	badekåpe (m/f)	['bɑdə,koːpə]
pyjama (m)	pyjamas (m)	[py'ʂɑmɑs]
chandail (m)	sweater (m)	['svɛtər]
pull-over (m)	pullover (m)	[pʉ'lovər]
gilet (m)	vest (m)	['vɛst]
queue-de-pie (f)	livkjole (m)	['liv,çʉlə]
smoking (m)	smoking (m)	['smɔkiŋ]
uniforme (m)	uniform (m)	[ʉni'fɔrm]
tenue (f) de travail	arbeidsklær (n pl)	['ɑrbæjds,klær]
salopette (f)	kjeledress, overall (m)	['çelə,drɛs], ['ovɛr,ɔl]
blouse (f) (d'un médecin)	kittel (m)	['çitəl]

28. Les sous-vêtements

sous-vêtements (m pl)	undertøy (n)	['ʉnəˌtøj]
boxer (m)	underbukse (m/f)	['ʉnərˌbʉksə]
slip (m) de femme	truse (m/f)	['trʉsə]
maillot (m) de corps	undertrøye (m/f)	['ʉnəˌtrøjə]
chaussettes (f pl)	sokker (m pl)	['sɔkər]
chemise (f) de nuit	nattkjole (m)	['natˌçulə]
soutien-gorge (m)	behå (m)	['beˌhɔ]
chaussettes (f pl) hautes	knestrømper (m/f pl)	['knɛˌstrømpər]
collants (m pl)	strømpebukse (m/f)	['strømpəˌbʉksə]
bas (m pl)	strømper (m/f pl)	['strømpər]
maillot (m) de bain	badedrakt (m/f)	['badəˌdrakt]

29. Les chapeaux

chapeau (m)	hatt (m)	['hat]
chapeau (m) feutre	hatt (m)	['hat]
casquette (f) de base-ball	baseball cap (m)	['bɛjsbɔl kɛp]
casquette (f)	sikspens (m)	['sikspens]
béret (m)	alpelue, baskerlue (m/f)	['alpəˌlʉə], ['baskəˌlʉə]
capuche (f)	hette (m/f)	['hɛtə]
panama (m)	panamahatt (m)	['panamaˌhat]
bonnet (m) de laine	strikket lue (m/f)	['strikəˌlʉə]
foulard (m)	skaut (n)	['skaʉt]
chapeau (m) de femme	hatt (m)	['hat]
casque (m) (d'ouvriers)	hjelm (m)	['jɛlm]
calot (m)	båtlue (m/f)	['bɔtˌlʉə]
casque (m) (~ de moto)	hjelm (m)	['jɛlm]
melon (m)	bowlerhatt, skalk (m)	['boulerˌhat], ['skalk]
haut-de-forme (m)	flosshatt (m)	['flɔsˌhat]

30. Les chaussures

chaussures (f pl)	skotøy (n)	['skʉtøj]
bottines (f pl)	skor (m pl)	['skʉr]
souliers (m pl) (~ plats)	pumps (m pl)	['pʉmps]
bottes (f pl)	støvler (m pl)	['støvlər]
chaussons (m pl)	tøfler (m pl)	['tøflər]
tennis (m pl)	tennissko (m pl)	['tɛnisˌskʉ]
baskets (f pl)	canvas sko (m pl)	['kanvas ˌskʉ]
sandales (f pl)	sandaler (m pl)	[san'dalər]
cordonnier (m)	skomaker (m)	['skʉˌmakər]
talon (m)	hæl (m)	['hæl]

paire (f)	par (n)	['pɑr]
lacet (m)	skolisse (m/f)	['skʊˌlisə]
lacer (vt)	å snøre	[ɔ 'snørə]
chausse-pied (m)	skohorn (n)	['skʊˌhʊːŗ]
cirage (m)	skokrem (m)	['skʊˌkrɛm]

31. Les accessoires personnels

gants (m pl)	hansker (m pl)	['hɑnskər]
moufles (f pl)	votter (m pl)	['vɔtər]
écharpe (f)	skjerf (n)	['ʂærf]
lunettes (f pl)	briller (m pl)	['brilər]
monture (f)	innfatning (m/f)	['inˌfɑtniŋ]
parapluie (m)	paraply (m)	[pɑrɑ'ply]
canne (f)	stokk (m)	['stɔk]
brosse (f) à cheveux	hårbørste (m)	['hɔrˌbœʂtə]
éventail (m)	vifte (m/f)	['viftə]
cravate (f)	slips (n)	['slips]
nœud papillon (m)	sløyfe (m/f)	['ʂløjfə]
bretelles (f pl)	bukseseler (m pl)	['bʉksə'selər]
mouchoir (m)	lommetørkle (n)	['lʊməˌtœrklə]
peigne (m)	kam (m)	['kɑm]
barrette (f)	hårspenne (m/f/n)	['hoːrˌspɛnə]
épingle (f) à cheveux	hårnål (m/f)	['hoːrˌnɔl]
boucle (f)	spenne (m/f/n)	['spɛnə]
ceinture (f)	belte (m)	['bɛltə]
bandoulière (f)	skulderreim, rem (m/f)	['skʉldəˌræjm], ['rem]
sac (m)	veske (m/f)	['vɛskə]
sac (m) à main	håndveske (m/f)	['hɔnˌvɛskə]
sac (m) à dos	ryggsekk (m)	['rygˌsɛk]

32. Les vêtements. Divers

mode (f)	mote (m)	['mʊtə]
à la mode (adj)	moteriktig	['mʊtəˌrikti]
couturier, créateur de mode	moteskaper (m)	['mʊtəˌskɑpər]
col (m)	krage (m)	['krɑgə]
poche (f)	lomme (m/f)	['lʊmə]
de poche (adj)	lomme-	['lʊmə-]
manche (f)	erme (n)	['ærmə]
bride (f)	hempe (m)	['hɛmpə]
braguette (f)	gylf, buksesmekk (m)	['gylf], ['bʉksəˌsmɛk]
fermeture (f) à glissière	glidelås (m/n)	['glidəˌlɔs]
agrafe (f)	hekte (m/f), knepping (m)	['hɛktə], ['knɛpiŋ]
bouton (m)	knapp (m)	['knɑp]

boutonnière (f)	klapphull (n)	['klapˌhʉl]
s'arracher (bouton)	å falle av	[ɔ 'falə ɑ:]
coudre (vi, vt)	å sy	[ɔ 'sy]
broder (vt)	å brodere	[ɔ brʉ'derə]
broderie (f)	broderi (n)	[brʉde'ri]
aiguille (f)	synål (m/f)	['syˌnɔl]
fil (m)	tråd (m)	['trɔ]
couture (f)	søm (m)	['søm]
se salir (vp)	å skitne seg til	[ɔ 'ʂitnə sæj til]
tache (f)	flekk (m)	['flek]
se froisser (vp)	å bli skrukkete	[ɔ 'bli 'skrʉketə]
déchirer (vt)	å rive	[ɔ 'rivə]
mite (f)	møll (m/n)	['møl]

33. L'hygiène corporelle. Les cosmétiques

dentifrice (m)	tannpasta (m)	['tanˌpasta]
brosse (f) à dents	tannbørste (m)	['tanˌbœʂtə]
se brosser les dents	å pusse tennene	[ɔ 'pʉsə 'tɛnənə]
rasoir (m)	høvel (m)	['høvəl]
crème (f) à raser	barberkrem (m)	[bɑr'bɛrˌkrɛm]
se raser (vp)	å barbere seg	[ɔ bɑr'berə sæj]
savon (m)	såpe (m/f)	['so:pə]
shampooing (m)	sjampo (m)	['ʂamˌpʉ]
ciseaux (m pl)	saks (m/f)	['saks]
lime (f) à ongles	neglefil (m/f)	['nɛjləˌfil]
pinces (f pl) à ongles	negleklipper (m)	['nɛjləˌklipər]
pince (f) à épiler	pinsett (m)	[pin'sɛt]
produits (m pl) de beauté	kosmetikk (m)	[kʉsme'tik]
masque (m) de beauté	ansiktsmaske (m/f)	['ansiktsˌmaskə]
manucure (f)	manikyr (m)	[mani'kyr]
se faire les ongles	å få manikyr	[ɔ 'fɔ mani'kyr]
pédicurie (f)	pedikyr (m)	[pedi'kyr]
trousse (f) de toilette	sminkeveske (m/f)	['sminkəˌvɛskə]
poudre (f)	pudder (n)	['pʉdər]
poudrier (m)	pudderdåse (m)	['pʉdərˌdo:sə]
fard (m) à joues	rouge (m)	['ru:ʂ]
parfum (m)	parfyme (m)	[par'fymə]
eau (f) de toilette	eau de toilette (m)	['ɔ: də twa'let]
lotion (f)	lotion (m)	['loʉʂɛn]
eau de Cologne (f)	eau de cologne (m)	['ɔ: də kɔ'lɔn]
fard (m) à paupières	øyeskygge (m)	['øjəˌsygə]
crayon (m) à paupières	eyeliner (m)	['ɑ:jˌlajnər]
mascara (m)	maskara (m)	[ma'skara]
rouge (m) à lèvres	leppestift (m)	['lepəˌstift]

vernis (m) à ongles	neglelakk (m)	['nɛjlə,lak]
laque (f) pour les cheveux	hårlakk (m)	['hoːr,lak]
déodorant (m)	deodorant (m)	[deudʉ'rant]

crème (f)	krem (m)	['krɛm]
crème (f) pour le visage	ansiktskrem (m)	['ansikts,krɛm]
crème (f) pour les mains	håndkrem (m)	['hɔn,krɛm]
crème (f) anti-rides	antirynkekrem (m)	[anti'rʏnkə,krɛm]
crème (f) de jour	dagkrem (m)	['dag,krɛm]
crème (f) de nuit	nattkrem (m)	['nat,krɛm]
de jour (adj)	dag-	['dag-]
de nuit (adj)	natt-	['nat-]

tampon (m)	tampong (m)	[tam'pɔŋ]
papier (m) de toilette	toalettpapir (n)	[tʊa'let pa'pir]
sèche-cheveux (m)	hårføner (m)	['hoːr,fønər]

34. Les montres. Les horloges

montre (f)	armbåndsur (n)	['armbɔns,ʉr]
cadran (m)	urskive (m/f)	['ʉː,sivə]
aiguille (f)	viser (m)	['visər]
bracelet (m)	armbånd (n)	['arm,bɔn]
bracelet (m) (en cuir)	rem (m/f)	['rem]

pile (f)	batteri (n)	[batɛ'ri]
être déchargé	å bli utladet	[ɔ 'bli 'ʉt,ladət]
changer de pile	å skifte batteriene	[ɔ 'ʃiftə batɛ'riene]
avancer (vi)	å gå for fort	[ɔ 'gɔ fɔ 'fɔːʈ]
retarder (vi)	å gå for sakte	[ɔ 'gɔ fɔ 'saktə]

pendule (f)	veggur (n)	['vɛg,ʉr]
sablier (m)	timeglass (n)	['timə,glas]
cadran (m) solaire	solur (n)	['sʊl,ʉr]
réveil (m)	vekkerklokka (m/f)	['vɛkər,klɔka]
horloger (m)	urmaker (m)	['ʉr,makər]
réparer (vt)	å reparere	[ɔ repa'rerə]

Les aliments. L'alimentation

35. Les aliments

viande (f)	kjøtt (n)	['çœt]
poulet (m)	høne (m/f)	['høne]
poulet (m) (poussin)	kylling (m)	['çyliŋ]
canard (m)	and (m/f)	['an]
oie (f)	gås (m/f)	['gɔs]
gibier (m)	vilt (n)	['vilt]
dinde (f)	kalkun (m)	[kɑl'kʉn]
du porc	svinekjøtt (n)	['svine‚çœt]
du veau	kalvekjøtt (n)	['kalve‚çœt]
du mouton	fårekjøtt (n)	['foːre‚çœt]
du bœuf	oksekjøtt (n)	['ɔkse‚çœt]
lapin (m)	kanin (m)	[kɑ'nin]
saucisson (m)	pølse (m/f)	['pølse]
saucisse (f)	wienerpølse (m/f)	['viner‚pølse]
bacon (m)	bacon (n)	['bɛjkən]
jambon (m)	skinke (m)	['ʂinke]
cuisse (f)	skinke (m)	['ʂinke]
pâté (m)	pate, paté (m)	[pɑ'te]
foie (m)	lever (m)	['lever]
farce (f)	kjøttfarse (m)	['çœt‚farʂe]
langue (f)	tunge (m/f)	['tʉŋe]
œuf (m)	egg (n)	['ɛg]
les œufs	egg (n pl)	['ɛg]
blanc (m) d'œuf	eggehvite (m)	['ɛge‚vite]
jaune (m) d'œuf	plomme (m/f)	['plʉme]
poisson (m)	fisk (m)	['fisk]
fruits (m pl) de mer	sjømat (m)	['ʂø‚mɑt]
crustacés (m pl)	krepsdyr (n pl)	['krɛps‚dyr]
caviar (m)	kaviar (m)	['kɑvi‚ɑr]
crabe (m)	krabbe (m)	['krɑbe]
crevette (f)	reke (m/f)	['reke]
huître (f)	østers (m)	['østeʂ]
langoustine (f)	langust (m)	[lɑŋ'gʉst]
poulpe (m)	blekksprut (m)	['blek‚sprʉt]
calamar (m)	blekksprut (m)	['blek‚sprʉt]
esturgeon (m)	stør (m)	['stør]
saumon (m)	laks (m)	['lɑks]
flétan (m)	kveite (m/f)	['kvæjte]
morue (f)	torsk (m)	['tɔʂk]

maquereau (m)	makrell (m)	[mɑˈkrɛl]
thon (m)	tunfisk (m)	[ˈtʉnˌfisk]
anguille (f)	ål (m)	[ˈɔl]
truite (f)	ørret (m)	[ˈøret]
sardine (f)	sardin (m)	[sɑːˈdin]
brochet (m)	gjedde (m/f)	[ˈjɛdə]
hareng (m)	sild (m/f)	[ˈsil]
pain (m)	brød (n)	[ˈbrø]
fromage (m)	ost (m)	[ˈʊst]
sucre (m)	sukker (n)	[ˈsʉkər]
sel (m)	salt (n)	[ˈsɑlt]
riz (m)	ris (m)	[ˈris]
pâtes (m pl)	pasta, makaroni (m)	[ˈpɑstɑ], [mɑkɑˈrʊni]
nouilles (f pl)	nudler (m pl)	[ˈnʉdlər]
beurre (m)	smør (n)	[ˈsmør]
huile (f) végétale	vegetabilsk olje (m)	[vegetɑˈbilsk ˌɔljə]
huile (f) de tournesol	solsikkeolje (m)	[ˈsʊlsikəˌɔljə]
margarine (f)	margarin (m)	[mɑrgɑˈrin]
olives (f pl)	olivener (m pl)	[ʊˈlivenər]
huile (f) d'olive	olivenolje (m)	[ʊˈlivənˌɔljə]
lait (m)	melk (m/f)	[ˈmɛlk]
lait (m) condensé	kondensert melk (m/f)	[kʊndənˈseːt ˌmɛlk]
yogourt (m)	jogurt (m)	[ˈjɔgʉːt]
crème (f) aigre	rømme, syrnet fløte (m)	[ˈrœmə], [ˈsyːnet ˈfløtə]
crème (f) (de lait)	fløte (m)	[ˈfløtə]
sauce (f) mayonnaise	majones (m)	[mɑjɔˈnɛs]
crème (f) au beurre	krem (m)	[ˈkrɛm]
gruau (m)	gryn (n)	[ˈgryn]
farine (f)	mel (n)	[ˈmel]
conserves (f pl)	hermetikk (m)	[hɛrmeˈtik]
pétales (m pl) de maïs	cornflakes (m)	[ˈkɔːɳˌflejks]
miel (m)	honning (m)	[ˈhɔniŋ]
confiture (f)	syltetøy (n)	[ˈsyltəˌtøj]
gomme (f) à mâcher	tyggegummi (m)	[ˈtygəˌgʉmi]

36. Les boissons

eau (f)	vann (n)	[ˈvɑn]
eau (f) potable	drikkevann (n)	[ˈdrikəˌvɑn]
eau (f) minérale	mineralvann (n)	[minəˈrɑlˌvɑn]
plate (adj)	uten kullsyre	[ˈʉtən kʉlˈsyrə]
gazeuse (l'eau ~)	kullsyret	[kʉlˈsyrət]
pétillante (adj)	med kullsyre	[me kʉlˈsyrə]
glace (f)	is (m)	[ˈis]

avec de la glace	med is	[me 'is]
sans alcool	alkoholfri	['alkʉhʉlˌfri]
boisson (f) non alcoolisée	alkoholfri drikk (m)	['alkʉhʉlˌfri drik]
rafraîchissement (m)	leskedrikk (m)	['leskəˌdrik]
limonade (f)	limonade (m)	[limɔ'nadə]
boissons (f pl) alcoolisées	rusdrikker (m pl)	['rʉsˌdrikər]
vin (m)	vin (m)	['vin]
vin (m) blanc	hvitvin (m)	['vitˌvin]
vin (m) rouge	rødvin (m)	['røˌvin]
liqueur (f)	likør (m)	[li'kør]
champagne (m)	champagne (m)	[ʂam'panjə]
vermouth (m)	vermut (m)	['værmʉt]
whisky (m)	whisky (m)	['viski]
vodka (f)	vodka (m)	['vɔdka]
gin (m)	gin (m)	['dʒin]
cognac (m)	konjakk (m)	['kʊnjak]
rhum (m)	rom (m)	['rʊm]
café (m)	kaffe (m)	['kafə]
café (m) noir	svart kaffe (m)	['svɑːʈ 'kafə]
café (m) au lait	kaffe (m) med melk	['kafə me 'mɛlk]
cappuccino (m)	cappuccino (m)	[kapʊ'tʃinɔ]
café (m) soluble	pulverkaffe (m)	['pʉlvərˌkafə]
lait (m)	melk (m/f)	['mɛlk]
cocktail (m)	cocktail (m)	['kɔkˌtɛjl]
cocktail (m) au lait	milkshake (m)	['milkˌʂɛjk]
jus (m)	jus, juice (m)	['dʒʉs]
jus (m) de tomate	tomatjuice (m)	[tʊ'matˌdʒʉs]
jus (m) d'orange	appelsinjuice (m)	[apel'sinˌdʒʉs]
jus (m) pressé	nypresset juice (m)	['nyˌprɛsə 'dʒʉs]
bière (f)	øl (m/n)	['øl]
bière (f) blonde	lettøl (n)	['letˌøl]
bière (f) brune	mørkt øl (n)	['mœrktˌøl]
thé (m)	te (m)	['te]
thé (m) noir	svart te (m)	['svɑːʈ ˌte]
thé (m) vert	grønn te (m)	['grœn ˌte]

37. Les légumes

légumes (m pl)	grønnsaker (m pl)	['grœnˌsakər]
verdure (f)	grønnsaker (m pl)	['grœnˌsakər]
tomate (f)	tomat (m)	[tʊ'mat]
concombre (m)	agurk (m)	[a'gʉrk]
carotte (f)	gulrot (m/f)	['gʉlˌrʊt]
pomme (f) de terre	potet (m/f)	[pʊ'tet]
oignon (m)	løk (m)	['løk]

ail (m)	hvitløk (m)	['vit‚løk]
chou (m)	kål (m)	['kɔl]
chou-fleur (m)	blomkål (m)	['blɔm‚kɔl]
chou (m) de Bruxelles	rosenkål (m)	['rʉsən‚kɔl]
brocoli (m)	brokkoli (m)	['brɔkɔli]
betterave (f)	rødbete (m/f)	['rø‚betə]
aubergine (f)	aubergine (m)	[ɔbɛr'ʂin]
courgette (f)	squash (m)	['skvɔʂ]
potiron (m)	gresskar (n)	['grɛskɑr]
navet (m)	nepe (m/f)	['nepə]
persil (m)	persille (m/f)	[pæ'ʂilə]
fenouil (m)	dill (m)	['dil]
laitue (f) (salade)	salat (m)	[sɑ'lɑt]
céleri (m)	selleri (m/n)	[sɛle‚ri]
asperge (f)	asparges (m)	[ɑ'spɑrʂəs]
épinard (m)	spinat (m)	[spi'nɑt]
pois (m)	erter (m pl)	['æ:tər]
fèves (f pl)	bønner (m/f pl)	['bœnər]
maïs (m)	mais (m)	['mɑis]
haricot (m)	bønne (m/f)	['bœnə]
poivron (m)	pepper (m)	['pɛpər]
radis (m)	reddik (m)	['rɛdik]
artichaut (m)	artisjokk (m)	[‚ɑ:ʈi'ʂɔk]

38. Les fruits. Les noix

fruit (m)	frukt (m/f)	['frʉkt]
pomme (f)	eple (n)	['ɛplə]
poire (f)	pære (m/f)	['pærə]
citron (m)	sitron (m)	[si'trʉn]
orange (f)	appelsin (m)	[ɑpel'sin]
fraise (f)	jordbær (n)	['ju:r‚bær]
mandarine (f)	mandarin (m)	[mɑndɑ'rin]
prune (f)	plomme (m/f)	['plʊmə]
pêche (f)	fersken (m)	['fæʂkən]
abricot (m)	aprikos (m)	[ɑpri'kʉs]
framboise (f)	bringebær (n)	['briŋə‚bær]
ananas (m)	ananas (m)	['ɑnɑnɑs]
banane (f)	banan (m)	[bɑ'nɑn]
pastèque (f)	vannmelon (m)	['vɑnme‚lʊn]
raisin (m)	drue (m)	['drʉə]
cerise (f)	kirsebær (n)	['çiʂə‚bær]
merise (f)	morell (m)	[mʊ'rɛl]
melon (m)	melon (m)	[me'lun]
pamplemousse (m)	grapefrukt (m/f)	['grɛjp‚frʉkt]
avocat (m)	avokado (m)	[ɑvɔ'kɑdɔ]
papaye (f)	papaya (m)	[pɑ'pɑjɑ]

| mangue (f) | mango (m) | ['maŋu] |
| grenade (f) | granateple (n) | [gra'nat̩ɛplə] |

groseille (f) rouge	rips (m)	['rips]
cassis (m)	solbær (n)	['sʉl̩bær]
groseille (f) verte	stikkelsbær (n)	['stikəls̩bær]
myrtille (f)	blåbær (n)	['blɔˌbær]
mûre (f)	bjørnebær (m)	['bjœːŋə̩bær]

raisin (m) sec	rosin (m)	[rʉ'sin]
figue (f)	fiken (m)	['fikən]
datte (f)	daddel (m)	['dadəl]

cacahuète (f)	jordnøtt (m)	['juːr̩nœt]
amande (f)	mandel (m)	['mandəl]
noix (f)	valnøtt (m/f)	['val̩nœt]
noisette (f)	hasselnøtt (m/f)	['hasəl̩nœt]
noix (f) de coco	kokosnøtt (m/f)	['kʉkʉs̩nœt]
pistaches (f pl)	pistasier (m pl)	[pi'staṣiər]

39. Le pain. Les confiseries

confiserie (f)	bakevarer (m/f pl)	['bakə̩varər]
pain (m)	brød (n)	['brø]
biscuit (m)	kjeks (m)	['çɛks]

chocolat (m)	sjokolade (m)	[ṣʉkʉ'ladə]
en chocolat (adj)	sjokolade-	[ṣʉkʉ'ladə-]
bonbon (m)	sukkertøy (n), karamell (m)	['sʉkəːtøj], [kara'mɛl]
gâteau (m), pâtisserie (f)	kake (m/f)	['kakə]
tarte (f)	bløtkake (m/f)	['bløt̩kakə]

| gâteau (m) | pai (m) | ['paj] |
| garniture (f) | fyll (m/n) | ['fyl] |

confiture (f)	syltetøy (n)	['syltə̩tøj]
marmelade (f)	marmelade (m)	[marme'ladə]
gaufre (f)	vaffel (m)	['vafəl]
glace (f)	iskrem (m)	['iskrɛm]
pudding (m)	pudding (m)	['pʉdiŋ]

40. Les plats cuisinés

plat (m)	rett (m)	['rɛt]
cuisine (f)	kjøkken (n)	['çœkən]
recette (f)	oppskrift (m)	['ɔp̩skrift]
portion (f)	porsjon (m)	[pɔ'ṣʉn]

salade (f)	salat (m)	[sa'lat]
soupe (f)	suppe (m/f)	['sʉpə]
bouillon (m)	buljong (m)	[bu'ljɔŋ]
sandwich (m)	smørbrød (n)	['smør̩brø]

les œufs brouillés	speilegg (n)	['spæjl‚ɛg]
hamburger (m)	hamburger (m)	['hambʊrgər]
steak (m)	biff (m)	['bif]
garniture (f)	tilbehør (n)	['tilbə‚hør]
spaghettis (m pl)	spagetti (m)	[spɑ'gɛti]
purée (f)	potetmos (m)	[pʊ'tet‚mʊs]
pizza (f)	pizza (m)	['pitsɑ]
bouillie (f)	grøt (m)	['grøt]
omelette (f)	omelett (m)	[ɔmə'let]
cuit à l'eau (adj)	kokt	['kʊkt]
fumé (adj)	røkt	['røkt]
frit (adj)	stekt	['stɛkt]
sec (adj)	tørket	['tœrkət]
congelé (adj)	frossen, dypfryst	['frɔsən], ['dyp‚frʏst]
mariné (adj)	syltet	['sʏltət]
sucré (adj)	søt	['søt]
salé (adj)	salt	['sɑlt]
froid (adj)	kald	['kɑl]
chaud (adj)	het, varm	['het], ['vɑrm]
amer (adj)	bitter	['bitər]
bon (savoureux)	lekker	['lekər]
cuire à l'eau	å koke	[ɔ 'kʊkə]
préparer (le dîner)	å lage	[ɔ 'lagə]
faire frire	å steke	[ɔ 'stekə]
réchauffer (vt)	å varme opp	[ɔ 'vɑrmə ɔp]
saler (vt)	å salte	[ɔ 'sɑltə]
poivrer (vt)	å pepre	[ɔ 'pɛprə]
râper (vt)	å rive	[ɔ 'rivə]
peau (f)	skall (n)	['skɑl]
éplucher (vt)	å skrelle	[ɔ 'skrɛlə]

41. Les épices

sel (m)	salt (n)	['sɑlt]
salé (adj)	salt	['sɑlt]
saler (vt)	å salte	[ɔ 'sɑltə]
poivre (m) noir	svart pepper (m)	['svɑːʈ 'pɛpər]
poivre (m) rouge	rød pepper (m)	['rø 'pɛpər]
moutarde (f)	sennep (m)	['sɛnəp]
raifort (m)	pepperrot (m/f)	['pɛpər‚rʊt]
condiment (m)	krydder (n)	['krʏdər]
épice (f)	krydder (n)	['krʏdər]
sauce (f)	saus (m)	['sɑʊs]
vinaigre (m)	eddik (m)	['ɛdik]
anis (m)	anis (m)	['ɑnis]
basilic (m)	basilik (m)	[bɑsi'lik]

clou (m) de girofle	nellik (m)	['nɛlik]
gingembre (m)	ingefær (m)	['iŋə fær]
coriandre (m)	koriander (m)	[kʊri'andər]
cannelle (f)	kanel (m)	[ka'nel]

sésame (m)	sesam (m)	['sesam]
feuille (f) de laurier	laurbærblad (n)	['laʊrbær bla]
paprika (m)	paprika (m)	['paprika]
cumin (m)	karve, kummin (m)	['karvə], ['kʉmin]
safran (m)	safran (m)	[sa'fran]

42. Les repas

| nourriture (f) | mat (m) | ['mat] |
| manger (vi, vt) | å spise | [ɔ 'spisə] |

petit déjeuner (m)	frokost (m)	['frʊkɔst]
prendre le petit déjeuner	å spise frokost	[ɔ 'spisə ˌfrʊkɔst]
déjeuner (m)	lunsj, lunch (m)	['lʉnʂ]
déjeuner (vi)	å spise lunsj	[ɔ 'spisə ˌlʉnʂ]
dîner (m)	middag (m)	['mi da]
dîner (vi)	å spise middag	[ɔ 'spisə 'mi da]

| appétit (m) | appetitt (m) | [ape'tit] |
| Bon appétit! | God appetitt! | ['gʊ ape'tit] |

ouvrir (vt)	å åpne	[ɔ 'ɔpnə]
renverser (liquide)	å spille	[ɔ 'spilə]
se renverser (liquide)	å bli spilt	[ɔ 'bli 'spilt]

bouillir (vi)	å koke	[ɔ 'kʊkə]
faire bouillir	å koke	[ɔ 'kʊkə]
bouilli (l'eau ~e)	kokt	['kʊkt]

| refroidir (vt) | å svalne | [ɔ 'svalnə] |
| se refroidir (vp) | å avkjøles | [ɔ 'av çœləs] |

| goût (m) | smak (m) | ['smak] |
| arrière-goût (m) | bismak (m) | ['bismak] |

suivre un régime	å være på diet	[ɔ 'værə pɔ di'et]
régime (m)	diett (m)	[di'et]
vitamine (f)	vitamin (n)	[vita'min]
calorie (f)	kalori (m)	[kalʊ'ri]

| végétarien (m) | vegetarianer (m) | [vegetari'anər] |
| végétarien (adj) | vegetarisk | [vege'tarisk] |

lipides (m pl)	fett (n)	['fɛt]
protéines (f pl)	proteiner (n pl)	[prote'inər]
glucides (m pl)	kullhydrater (n pl)	['kʉlhy dratər]
tranche (f)	skive (m/f)	['ʂivə]
morceau (m)	stykke (n)	['stʏkə]
miette (f)	smule (m)	['smʉlə]

43. Le dressage de la table

cuillère (f)	**skje** (m)	['ʂe]
couteau (m)	**kniv** (m)	['kniv]
fourchette (f)	**gaffel** (m)	['gafəl]
tasse (f)	**kopp** (m)	['kɔp]
assiette (f)	**tallerken** (m)	[tɑ'lærkən]
soucoupe (f)	**tefat** (n)	['te‚fat]
serviette (f)	**serviett** (m)	[sɛrvi'ɛt]
cure-dent (m)	**tannpirker** (m)	['tɑn‚pirkər]

44. Le restaurant

restaurant (m)	**restaurant** (m)	[rɛstʊ'rɑŋ]
salon (m) de café	**kafé, kaffebar** (m)	[kɑ'fe], ['kafə‚bɑr]
bar (m)	**bar** (m)	['bɑr]
salon (m) de thé	**tesalong** (m)	['tesɑ‚lɔŋ]
serveur (m)	**servitør** (m)	['særvi'tør]
serveuse (f)	**servitrise** (m/f)	[særvi'trisə]
barman (m)	**bartender** (m)	['bɑː‚tɛndər]
carte (f)	**meny** (m)	[me'ny]
carte (f) des vins	**vinkart** (n)	['vin‚kɑːt]
réserver une table	**å reservere bord**	[ɔ resɛr'verə 'bʊr]
plat (m)	**rett** (m)	['rɛt]
commander (vt)	**å bestille**	[ɔ be'stilə]
faire la commande	**å bestille**	[ɔ be'stilə]
apéritif (m)	**aperitiff** (m)	[ɑperi'tif]
hors-d'œuvre (m)	**forrett** (m)	['fɔrɛt]
dessert (m)	**dessert** (m)	[de'sɛːr]
addition (f)	**regning** (m/f)	['rɛjniŋ]
régler l'addition	**å betale regningen**	[ɔ be'talə 'rɛjniŋən]
rendre la monnaie	**å gi tilbake veksel**	[ɔ ji til'bɑkə 'vɛksəl]
pourboire (m)	**driks** (m)	['driks]

La famille. Les parents. Les amis

45. Les données personnelles. Les formulaires

prénom (m)	navn (n)	['navn]
nom (m) de famille	etternavn (n)	['ɛtəˌnavn]
date (f) de naissance	fødselsdato (m)	['føtsəlsˌdatʉ]
lieu (m) de naissance	fødested (n)	['fødəˌsted]
nationalité (f)	nasjonalitet (m)	[naʂʉnali'tet]
domicile (m)	bosted (n)	['bʉˌsted]
pays (m)	land (n)	['lan]
profession (f)	yrke (n), profesjon (m)	['yrkə], [prʉfe'ʂun]
sexe (m)	kjønn (n)	['çœn]
taille (f)	høyde (m)	['højdə]
poids (m)	vekt (m)	['vɛkt]

46. La famille. Les liens de parenté

mère (f)	mor (m/f)	['mʉr]
père (m)	far (m)	['far]
fils (m)	sønn (m)	['sœn]
fille (f)	datter (m/f)	['datər]
fille (f) cadette	yngste datter (m/f)	['yŋstə 'datər]
fils (m) cadet	yngste sønn (m)	['yŋstə 'sœn]
fille (f) aînée	eldste datter (m/f)	['ɛlstə 'datər]
fils (m) aîné	eldste sønn (m)	['ɛlstə 'sœn]
frère (m)	bror (m)	['brʉr]
frère (m) aîné	eldre bror (m)	['ɛldrəˌbrʉr]
frère (m) cadet	lillebror (m)	['liləˌbrʉr]
sœur (f)	søster (m/f)	['søstər]
sœur (f) aînée	eldre søster (m/f)	['ɛldrəˌsøstər]
sœur (f) cadette	lillesøster (m/f)	['liləˌsøstər]
cousin (m)	fetter (m/f)	['fɛtər]
cousine (f)	kusine (m)	[kʉ'sinə]
maman (f)	mamma (m)	['mama]
papa (m)	pappa (m)	['papa]
parents (m pl)	foreldre (pl)	[fɔr'ɛldrə]
enfant (m, f)	barn (n)	['baːn]
enfants (pl)	barn (n pl)	['baːn]
grand-mère (f)	bestemor (m)	['bɛstəˌmʉr]
grand-père (m)	bestefar (m)	['bɛstəˌfar]
petit-fils (m)	barnebarn (n)	['baːnəˌbaːn]

petite-fille (f)	barnebarn (n)	[ˈbɑːŋəˌbɑːŋ]
petits-enfants (pl)	barnebarn (n pl)	[ˈbɑːŋəˌbɑːŋ]
oncle (m)	onkel (m)	[ˈʊnkəl]
tante (f)	tante (m/f)	[ˈtɑntə]
neveu (m)	nevø (m)	[neˈvø]
nièce (f)	niese (m/f)	[niˈesə]
belle-mère (f)	svigermor (m/f)	[ˈsvigərˌmʊr]
beau-père (m)	svigerfar (m)	[ˈsvigərˌfɑr]
gendre (m)	svigersønn (m)	[ˈsvigərˌsœn]
belle-mère (f)	stemor (m/f)	[ˈsteˌmʊr]
beau-père (m)	stefar (m)	[ˈsteˌfɑr]
nourrisson (m)	brystbarn (n)	[ˈbrʏstˌbɑːŋ]
bébé (m)	spedbarn (n)	[ˈspeˌbɑːŋ]
petit (m)	lite barn (n)	[ˈlitə ˈbɑːŋ]
femme (f)	kone (m/f)	[ˈkʊnə]
mari (m)	mann (m)	[ˈmɑn]
époux (m)	ektemann (m)	[ˈɛktəˌmɑn]
épouse (f)	hustru (m)	[ˈhʉstrʉ]
marié (adj)	gift	[ˈjift]
mariée (adj)	gift	[ˈjift]
célibataire (adj)	ugift	[ʉːˈjift]
célibataire (m)	ungkar (m)	[ˈʉŋˌkɑr]
divorcé (adj)	fraskilt	[ˈfrɑˌsilt]
veuve (f)	enke (m)	[ˈɛnkə]
veuf (m)	enkemann (m)	[ˈɛnkəˌmɑn]
parent (m)	slektning (m)	[ˈs̺lektniŋ]
parent (m) proche	nær slektning (m)	[ˈnær ˈslektniŋ]
parent (m) éloigné	fjern slektning (m)	[ˈfjæːŋ ˈslektniŋ]
parents (m pl)	slektninger (m pl)	[ˈs̺lektniŋər]
orphelin (m), orpheline (f)	foreldreløst barn (n)	[fɔrˈɛldrəløst ˌbɑːŋ]
tuteur (m)	formynder (m)	[ˈfɔrˌmʏnər]
adopter (un garçon)	å adoptere	[ɔ ɑdɔpˈterə]
adopter (une fille)	å adoptere	[ɔ ɑdɔpˈterə]

La médecine

47. Les maladies

maladie (f)	sykdom (m)	['syk,dɔm]
être malade	å være syk	[ɔ 'væərə 'syk]
santé (f)	helse (m/f)	['hɛlsə]
rhume (m) (coryza)	snue (m)	['snʉə]
angine (f)	angina (m)	[an'gina]
refroidissement (m)	forkjølelse (m)	[fɔr'çœlelsə]
prendre froid	å forkjøle seg	[ɔ fɔr'çœlə sæj]
bronchite (f)	bronkitt (m)	[brɔn'kit]
pneumonie (f)	lungebetennelse (m)	['lʉŋə be'tɛnəlsə]
grippe (f)	influensa (m)	[inflʉ'ɛnsa]
myope (adj)	nærsynt	['næ,synt]
presbyte (adj)	langsynt	['laŋsynt]
strabisme (m)	skjeløydhet (m)	['ṣɛløjd,het]
strabique (adj)	skjeløyd	['ṣɛl,øjd]
cataracte (f)	grå stær, katarakt (m)	['grɔ ,stæːr], [kata'rakt]
glaucome (m)	glaukom (n)	[glaʉ'kɔm]
insulte (f)	hjerneslag (n)	['jæːɳə,slag]
crise (f) cardiaque	infarkt (n)	[in'farkt]
infarctus (m) de myocarde	myokardieinfarkt (n)	['miɔ'kardiə in'farkt]
paralysie (f)	paralyse, lammelse (m)	['para'lyse], ['laməlsə]
paralyser (vt)	å lamme	[ɔ 'lamə]
allergie (f)	allergi (m)	[alæː'gi]
asthme (m)	astma (m)	['astma]
diabète (m)	diabetes (m)	[dia'betəs]
mal (m) de dents	tannpine (m/f)	['tan,pinə]
carie (f)	karies (m)	['karies]
diarrhée (f)	diaré (m)	[dia'rɛ]
constipation (f)	forstoppelse (m)	[fɔ'ṣtɔpəlsə]
estomac (m) barbouillé	magebesvær (m)	['magə,be'svæːr]
intoxication (f) alimentaire	matforgiftning (m/f)	['mat,fɔr'jiftniŋ]
être intoxiqué	å få matforgiftning	[ɔ 'fɔ mat,fɔr'jiftniŋ]
arthrite (f)	artritt (m)	[aː'ṭrit]
rachitisme (m)	rakitt (m)	[ra'kit]
rhumatisme (m)	revmatisme (m)	[revma'tismə]
athérosclérose (f)	arteriosklerose (m)	[aː'ṭeriʉskle,rʉsə]
gastrite (f)	magekatarr, gastritt (m)	['magəka,tar], [,ga'strit]
appendicite (f)	appendisitt (m)	[apɛndi'sit]

cholécystite (f)	galleblærebetennelse (m)	['galə̩blærə be'tɛnəlse]
ulcère (m)	magesår (n)	['magə̩sɔr]
rougeole (f)	meslinger (m pl)	['mɛs̩liŋər]
rubéole (f)	røde hunder (m pl)	['rødə 'hʉnər]
jaunisse (f)	gulsott (m/f)	['gʉl̩sʊt]
hépatite (f)	hepatitt (m)	[hepɑ'tit]
schizophrénie (f)	schizofreni (m)	[sisʉfre'ni]
rage (f) (hydrophobie)	rabies (m)	['rabiəs]
névrose (f)	nevrose (m)	[nev'rʉsə]
commotion (f) cérébrale	hjernerystelse (m)	['jæːɳə̩rystəlsə]
cancer (m)	kreft, cancer (m)	['krɛft], ['kansər]
sclérose (f)	sklerose (m)	[skle'rʉsə]
sclérose (f) en plaques	multippel sklerose (m)	[mʉl'tipəl skle'rʉsə]
alcoolisme (m)	alkoholisme (m)	[alkʊhʊ'lismə]
alcoolique (m)	alkoholiker (m)	[alkʊ'hʊlikər]
syphilis (f)	syfilis (m)	['syfilis]
SIDA (m)	AIDS, aids (m)	['ɛjds]
tumeur (f)	svulst, tumor (m)	['svʉlst], [tʉ'mʊr]
maligne (adj)	ondartet, malign	['ʊn̩ɑːt̩ət], [mɑ'lign]
bénigne (adj)	godartet	['gʊ̩ɑːt̩ət]
fièvre (f)	feber (m)	['febər]
malaria (f)	malaria (m)	[mɑ'lɑriɑ]
gangrène (f)	koldbrann (m)	['kɔlbran]
mal (m) de mer	sjøsyke (m)	['ʂø̩sykə]
épilepsie (f)	epilepsi (m)	[ɛpilep'si]
épidémie (f)	epidemi (m)	[ɛpide'mi]
typhus (m)	tyfus (m)	['tyfʉs]
tuberculose (f)	tuberkulose (m)	[tubærkʉ'lɔsə]
choléra (m)	kolera (m)	['kʊlerɑ]
peste (f)	pest (m)	['pɛst]

48. Les symptômes. Le traitement. Partie 1

symptôme (m)	symptom (n)	[sʏmp'tʊm]
température (f)	temperatur (m)	[tɛmpərɑ'tʉr]
fièvre (f)	høy temperatur (m)	['høj tɛmpərɑ'tʉr]
pouls (m)	puls (m)	['pʉls]
vertige (m)	svimmelhet (m)	['svimǝl̩het]
chaud (adj)	varm	['varm]
frisson (m)	skjelving (m/f)	['ʂɛlviŋ]
pâle (adj)	blek	['blek]
toux (f)	hoste (m)	['hʊstə]
tousser (vi)	å hoste	[ɔ 'hʊstə]
éternuer (vi)	å nyse	[ɔ 'nysə]
évanouissement (m)	besvimelse (m)	[bɛ'svimǝlsə]

s'évanouir (vp)	å besvime	[ɔ beˈsvimə]
bleu (m)	blåmerke (n)	[ˈblɔˌmærkə]
bosse (f)	bule (m)	[ˈbʉlə]
se heurter (vp)	å slå seg	[ɔ ˈʂlɔ sæj]
meurtrissure (f)	blåmerke (n)	[ˈblɔˌmærkə]
se faire mal	å slå seg	[ɔ ˈʂlɔ sæj]
boiter (vi)	å halte	[ɔ ˈhaltə]
foulure (f)	forvridning (m)	[fɔrˈvridniŋ]
se démettre (l'épaule, etc.)	å forvri	[ɔ fɔrˈvri]
fracture (f)	brudd (n), fraktur (m)	[ˈbrʉd], [frakˈtʉr]
avoir une fracture	å få brudd	[ɔ ˈfɔ ˈbrʉd]
coupure (f)	skjæresår (n)	[ˈʂæːrəˌsɔr]
se couper (~ le doigt)	å skjære seg	[ɔ ˈʂæːrə sæj]
hémorragie (f)	blødning (m/f)	[ˈblødniŋ]
brûlure (f)	brannsår (n)	[ˈbranˌsɔr]
se brûler (vp)	å brenne seg	[ɔ ˈbrɛnə sæj]
se piquer (le doigt)	å stikke	[ɔ ˈstikə]
se piquer (vp)	å stikke seg	[ɔ ˈstikə sæj]
blesser (vt)	å skade	[ɔ ˈskadə]
blessure (f)	skade (n)	[ˈskadə]
plaie (f) (blessure)	sår (n)	[ˈsɔr]
trauma (m)	traume (m)	[ˈtraʊmə]
délirer (vi)	å snakke i villelse	[ɔ ˈsnakə i ˈviləlsə]
bégayer (vi)	å stamme	[ɔ ˈstamə]
insolation (f)	solstikk (n)	[ˈsʊlˌstik]

49. Les symptômes. Le traitement. Partie 2

douleur (f)	smerte (m)	[ˈsmæːţə]
écharde (f)	flis (m/f)	[ˈflis]
sueur (f)	svette (m)	[ˈsvɛtə]
suer (vi)	å svette	[ɔ ˈsvɛtə]
vomissement (m)	oppkast (n)	[ˈɔpˌkast]
spasmes (m pl)	kramper (m pl)	[ˈkrampər]
enceinte (adj)	gravid	[graˈvid]
naître (vi)	å fødes	[ɔ ˈfødə]
accouchement (m)	fødsel (m)	[ˈføtsəl]
accoucher (vi)	å føde	[ɔ ˈfødə]
avortement (m)	abort (m)	[aˈbɔːt]
respiration (f)	åndedrett (n)	[ˈɔŋdəˌdrɛt]
inhalation (f)	innånding (m/f)	[ˈinˌɔniŋ]
expiration (f)	utånding (m/f)	[ˈʉtˌɔndiŋ]
expirer (vi)	å puste ut	[ɔ ˈpʉstə ʉt]
inspirer (vi)	å ånde inn	[ɔ ˈɔndə ˌin]
invalide (m)	handikappet person (m)	[ˈhandiˌkapət pæˈʂʊn]
handicapé (m)	krøpling (m)	[ˈkrøpliŋ]

drogué (m)	narkoman (m)	[nɑrkʉ'mɑn]
sourd (adj)	døv	['døv]
muet (adj)	stum	['stʉm]
sourd-muet (adj)	døvstum	['døf‚stʉm]

fou (adj)	gal	['gɑl]
fou (m)	gal mann (m)	['gɑl ‚mɑn]
folle (f)	gal kvinne (m/f)	['gɑl ‚kvinə]
devenir fou	å bli sinnssyk	[ɔ 'bli 'sin‚syk]

gène (m)	gen (m)	['gen]
immunité (f)	immunitet (m)	[imʉni'tet]
héréditaire (adj)	arvelig	['ɑrvəli]
congénital (adj)	medfødt	['me:‚føt]

virus (m)	virus (m)	['virʉs]
microbe (m)	mikrobe (m)	[mi'krʊbə]
bactérie (f)	bakterie (m)	[bɑk'teriə]
infection (f)	infeksjon (m)	[infɛk'ʂʊn]

50. Les symptômes. Le traitement. Partie 3

hôpital (m)	sykehus (n)	['sykə‚hʉs]
patient (m)	pasient (m)	[pɑsi'ɛnt]

diagnostic (m)	diagnose (m)	[diɑ'gnʊsə]
cure (f) (faire une ~)	kur (m)	['kʉr]
traitement (m)	behandling (m/f)	[be'hɑndliŋ]
se faire soigner	å bli behandlet	[ɔ 'bli be'hɑndlət]
traiter (un patient)	å behandle	[ɔ be'hɑndlə]
soigner (un malade)	å skjøtte	[ɔ 'ʂøtə]
soins (m pl)	sykepleie (m/f)	['sykə‚plæjə]

opération (f)	operasjon (m)	[ɔpərɑ'ʂʊn]
panser (vt)	å forbinde	[ɔ fɔr'binə]
pansement (m)	forbinding (m)	[fɔr'biniŋ]

vaccination (f)	vaksinering (m/f)	[vɑksi'neriŋ]
vacciner (vt)	å vaksinere	[ɔ vɑksi'nerə]
piqûre (f)	injeksjon (m), sprøyte (m/f)	[injɛk'ʂʊn], ['sprøjtə]
faire une piqûre	å gi en sprøyte	[ɔ 'ji en 'sprøjtə]

crise, attaque (f)	anfall (n)	['ɑn‚fɑl]
amputation (f)	amputasjon (m)	[ɑmpʉtɑ'ʂʊn]
amputer (vt)	å amputere	[ɔ ɑmpʉ'terə]
coma (m)	koma (m)	['kʊmɑ]
être dans le coma	å ligge i koma	[ɔ 'ligə i 'kʊmɑ]
réanimation (f)	intensivavdeling (m/f)	['intɛn‚siv 'ɑv‚deliŋ]

se rétablir (vp)	å bli frisk	[ɔ 'bli 'frisk]
état (m) (de santé)	tilstand (m)	['til‚stɑn]
conscience (f)	bevissthet (m)	[be'vist‚het]
mémoire (f)	minne (n), hukommelse (m)	['minə], [hʉ'kɔməlsə]
arracher (une dent)	å trekke ut	[ɔ 'trɛkə ʉt]

| plombage (m) | fylling (m/f) | ['fʏliŋ] |
| plomber (vt) | å plombere | [ɔ plʉm'berə] |

| hypnose (f) | hypnose (m) | [hʏp'nʉsə] |
| hypnotiser (vt) | å hypnotisere | [ɔ hʏpnʉti'serə] |

51. Les médecins

médecin (m)	lege (m)	['legə]
infirmière (f)	sykepleierske (m/f)	['sykə‚plæjeşkə]
médecin (m) personnel	personlig lege (m)	[pæ'şʉnli 'legə]

dentiste (m)	tannlege (m)	['tɑn‚legə]
ophtalmologiste (m)	øyelege (m)	['øjə‚legə]
généraliste (m)	terapeut (m)	[terɑ'pɛut]
chirurgien (m)	kirurg (m)	[çi'rʉrg]

psychiatre (m)	psykiater (m)	[syki'ɑtər]
pédiatre (m)	barnelege (m)	['bɑːŋə‚legə]
psychologue (m)	psykolog (m)	[sykʉ'lɔg]
gynécologue (m)	gynekolog (m)	[gynekʉ'lɔg]
cardiologue (m)	kardiolog (m)	[kɑːdiʉ'lɔg]

52. Les médicaments. Les accessoires

médicament (m)	medisin (m)	[medi'sin]
remède (m)	middel (n)	['midəl]
prescrire (vt)	å ordinere	[ɔ ɔrdi'nerə]
ordonnance (f)	resept (m)	[re'sɛpt]

comprimé (m)	tablett (m)	[tɑb'let]
onguent (m)	salve (m/f)	['sɑlvə]
ampoule (f)	ampulle (m)	[ɑm'pʉlə]
mixture (f)	mikstur (m)	[miks'tʉr]
sirop (m)	sirup (m)	['sirʉp]
pilule (f)	pille (m/f)	['pilə]
poudre (f)	pulver (n)	['pʉlvər]

bande (f)	gasbind (n)	['gɑs‚bin]
coton (m) (ouate)	vatt (m/n)	['vɑt]
iode (m)	jod (m/n)	['ʉd]

sparadrap (m)	plaster (n)	['plɑstər]
compte-gouttes (m)	pipette (m)	[pi'pɛtə]
thermomètre (m)	termometer (n)	[tɛrmʉ'metər]
seringue (f)	sprøyte (m/f)	['sprøjtə]

| fauteuil (m) roulant | rullestol (m) | ['rʉlə‚stʉl] |
| béquilles (f pl) | krykker (m/f pl) | ['krʏkər] |

| anesthésique (m) | smertestillende middel (n) | ['smæːtə‚stilenə 'midəl] |
| purgatif (m) | laksativ (n) | [lɑksɑ'tiv] |

alcool (m)	**sprit** (m)	['sprit]
herbe (f) médicinale	**legeurter** (m/f pl)	['legəˌʉːtər]
d'herbes (adj)	**urte-**	['ʉːtə-]

L'HABITAT HUMAIN

La ville

53. La ville. La vie urbaine

ville (f)	by (m)	['by]
capitale (f)	hovedstad (m)	['hʉvəd‚stɑd]
village (m)	landsby (m)	['lɑns‚by]
plan (m) de la ville	bykart (n)	['by‚kɑːt]
centre-ville (m)	sentrum (n)	['sɛntrum]
banlieue (f)	forstad (m)	['fɔ‚stɑd]
de banlieue (adj)	forstads-	['fɔ‚stɑds-]
périphérie (f)	utkant (m)	['ʉt‚kɑnt]
alentours (m pl)	omegner (m pl)	['ɔm‚æjnər]
quartier (m)	kvarter (n)	[kvɑːʈer]
quartier (m) résidentiel	boligkvarter (n)	['bʉli‚kvɑːˈʈer]
trafic (m)	trafikk (m)	[trɑˈfik]
feux (m pl) de circulation	trafikklys (n)	[trɑˈfik‚lys]
transport (m) urbain	offentlig transport (m)	['ɔfentli trɑnsˈpɔːt]
carrefour (m)	veikryss (n)	['væjkrʏs]
passage (m) piéton	fotgjengerovergang (m)	['fʊtjɛŋər 'ɔvər‚gɑŋ]
passage (m) souterrain	undergang (m)	['ʉnər‚gɑŋ]
traverser (vt)	å gå over	[ɔ 'gɔ 'ɔvər]
piéton (m)	fotgjenger (m)	['fʊtjɛŋər]
trottoir (m)	fortau (n)	['fɔː‚ṭɑʉ]
pont (m)	bro (m/f)	['brʉ]
quai (m)	kai (m/f)	['kɑj]
fontaine (f)	fontene (m)	['fʊntnə]
allée (f)	allé (m)	[ɑˈleː]
parc (m)	park (m)	['pɑrk]
boulevard (m)	bulevard (m)	[buleˈvɑr]
place (f)	torg (n)	['tɔr]
avenue (f)	aveny (m)	[ɑveˈny]
rue (f)	gate (m/f)	['gɑtə]
ruelle (f)	sidegate (m/f)	['sidə‚gɑtə]
impasse (f)	blindgate (m/f)	['blin‚gɑtə]
maison (f)	hus (n)	['hʉs]
édifice (m)	bygning (m/f)	['bygniŋ]
gratte-ciel (m)	skyskraper (m)	['ṣy‚skrɑpər]
façade (f)	fasade (m)	[fɑˈsɑdə]
toit (m)	tak (n)	['tɑk]

fenêtre (f)	vindu (n)	['vindʉ]
arc (m)	bue (m)	['bʉːə]
colonne (f)	søyle (m)	['søjlə]
coin (m)	hjørne (n)	['jœːŋə]

vitrine (f)	utstillingsvindu (n)	['ʉtˌstiliŋs 'vindʉ]
enseigne (f)	skilt (n)	['ʂilt]
affiche (f)	plakat (m)	[plɑ'kɑt]
affiche (f) publicitaire	reklameplakat (m)	[rɛ'klɑməˌplɑ'kɑt]
panneau-réclame (m)	reklametavle (m/f)	[rɛ'klɑməˌtɑvlə]

ordures (f pl)	søppel (m/f/n), avfall (n)	['sœpəl], ['ɑvˌfɑl]
poubelle (f)	søppelkasse (m/f)	['sœpəlˌkɑsə]
jeter à terre	å kaste søppel	[ɔ 'kɑstə 'sœpəl]
décharge (f)	søppelfylling (m/f), deponi (n)	['sœpəlˌfʏliŋ], [ˌdepɔ'ni]

cabine (f) téléphonique	telefonboks (m)	[tele'fʉnˌbɔks]
réverbère (m)	lyktestolpe (m)	['lʏktəˌstɔlpə]
banc (m)	benk (m)	['bɛŋk]

policier (m)	politi (m)	[pʉli'ti]
police (f)	politi (n)	[pʉli'ti]
clochard (m)	tigger (m)	['tigər]
sans-abri (m)	hjemløs	['jɛmˌløs]

54. Les institutions urbaines

magasin (m)	forretning, butikk (m)	[fɔ'rɛtniŋ], [bʉ'tik]
pharmacie (f)	apotek (n)	[ɑpʉ'tek]
opticien (m)	optikk (m)	[ɔp'tik]
centre (m) commercial	kjøpesenter (n)	['çœpəˌsɛntər]
supermarché (m)	supermarked (n)	['sʉpəˌmɑrket]

boulangerie (f)	bakeri (n)	[bɑke'ri]
boulanger (m)	baker (m)	['bɑkər]
pâtisserie (f)	konditori (n)	[kʉnditɔ'ri]
épicerie (f)	matbutikk (m)	['mɑtbʉˌtik]
boucherie (f)	slakterbutikk (m)	['ʂlɑktəbʉˌtik]

magasin (m) de légumes	grønnsaksbutikk (m)	['grœnˌsɑks bʉ'tik]
marché (m)	marked (n)	['mɑrkəd]

salon (m) de café	kafé, kaffebar (m)	[kɑ'fe], ['kɑfəˌbɑr]
restaurant (m)	restaurant (m)	[rɛstʉ'rɑŋ]
brasserie (f)	pub (m)	['pʉb]
pizzeria (f)	pizzeria (m)	[pitsə'riɑ]

salon (m) de coiffure	frisørsalong (m)	[fri'sør sɑˌlɔŋ]
poste (f)	post (m)	['pɔst]
pressing (m)	renseri (n)	[rɛnse'ri]
atelier (m) de photo	fotostudio (n)	['fotoˌstudio]

magasin (m) de chaussures	skobutikk (m)	['skuˌbʉ'tik]
librairie (f)	bokhandel (m)	['bʉkˌhɑndəl]

magasin (m) d'articles de sport	idrettsbutikk (m)	['idrɛts bʉ'tik]
atelier (m) de retouche	reparasjon (m) av klær	[repara'ʂʉn ɑ: ˌklær]
location (f) de vêtements	leie (m/f) av klær	['læjə ɑ: ˌklær]
location (f) de films	filmutleie (m/f)	['filmˌʉt'læje]
cirque (m)	sirkus (m/n)	['sirkʉs]
zoo (m)	zoo, dyrepark (m)	['sʉ:], [dyrə'park]
cinéma (m)	kino (m)	['çinʉ]
musée (m)	museum (n)	[mʉ'seum]
bibliothèque (f)	bibliotek (n)	[bibliʉ'tek]
théâtre (m)	teater (n)	[te'atər]
opéra (m)	opera (m)	['ʉpera]
boîte (f) de nuit	nattklubb (m)	['natˌklʉb]
casino (m)	kasino (n)	[ka'sinʉ]
mosquée (f)	moské (m)	[mʉ'ske]
synagogue (f)	synagoge (m)	[syna'gʉgə]
cathédrale (f)	katedral (m)	[kate'dral]
temple (m)	tempel (n)	['tɛmpəl]
église (f)	kirke (m/f)	['çirkə]
institut (m)	institutt (n)	[insti'tʉt]
université (f)	universitet (n)	[ʉnivæʂi'tet]
école (f)	skole (m/f)	['skʉlə]
préfecture (f)	prefektur (n)	[prɛfɛk'tʉr]
mairie (f)	rådhus (n)	['rodˌhʉs]
hôtel (m)	hotell (n)	[hʉ'tɛl]
banque (f)	bank (m)	['bank]
ambassade (f)	ambassade (m)	[amba'sadə]
agence (f) de voyages	reisebyrå (n)	['ræjsə byˌro]
bureau (m) d'information	opplysningskontor (n)	[ɔp'lysniŋs kʉn'tʉr]
bureau (m) de change	vekslingskontor (n)	['vɛkʂliŋs kʉn'tʉr]
métro (m)	tunnelbane, T-bane (m)	['tʉnəlˌbanə], ['tɛ:ˌbanə]
hôpital (m)	sykehus (n)	['sykəˌhʉs]
station-service (f)	bensinstasjon (m)	[bɛn'sinˌsta'ʂʉn]
parking (m)	parkeringsplass (m)	[par'keriŋsˌplas]

55. Les enseignes. Les panneaux

enseigne (f)	skilt (n)	['ʂilt]
pancarte (f)	innskrift (m/f)	['inˌskrift]
poster (m)	plakat, poster (m)	['plaˌkat], ['pɔstər]
indicateur (m) de direction	veiviser (m)	['væjˌvisər]
flèche (f)	pil (m/f)	['pil]
avertissement (m)	advarsel (m)	['adˌvaʂəl]
panneau d'avertissement	varselskilt (n)	['vaʂəlˌʂilt]
avertir (vt)	å varsle	[ɔ 'vaʂlə]
jour (m) de repos	fridag (m)	['friˌda]

horaire (m)	rutetabell (m)	['rʉtə‚tɑ'bɛl]
heures (f pl) d'ouverture	åpningstider (m/f pl)	['ɔpniŋs‚tidər]
BIENVENUE!	VELKOMMEN!	['vɛl‚kɔmən]
ENTRÉE	INNGANG	['in‚gɑŋ]
SORTIE	UTGANG	['ʉt‚gɑŋ]
POUSSER	SKYV	['ṣyv]
TIRER	TREKK	['trɛk]
OUVERT	ÅPENT	['ɔpənt]
FERMÉ	STENGT	['stɛŋt]
FEMMES	DAMER	['dɑmər]
HOMMES	HERRER	['hærər]
RABAIS	RABATT	[rɑ'bɑt]
SOLDES	SALG	['sɑlg]
NOUVEAU!	NYTT!	['nʏt]
GRATUIT	GRATIS	['grɑtis]
ATTENTION!	FORSIKTIG!	[fʊ'ṣiktə]
COMPLET	INGEN LEDIGE ROM	['iŋən 'lediə rʊm]
RÉSERVÉ	RESERVERT	[resɛr'vɛ:t]
ADMINISTRATION	ADMINISTRASJON	[administrɑ'ṣʊn]
RÉSERVÉ AU PERSONNEL	KUN FOR ANSATTE	['kʉn fɔr ɑn'sɑtə]
ATTENTION CHIEN MÉCHANT	VOKT DEM FOR HUNDEN	['vɔkt dem fɔ 'hʉnən]
DÉFENSE DE FUMER	RØYKING FORBUDT	['røjkiŋ fɔr'bʉt]
PRIÈRE DE NE PAS TOUCHER	IKKE RØR!	['ikə 'rør]
DANGEREUX	FARLIG	['fɑ:li]
DANGER	FARE	['fɑrə]
HAUTE TENSION	HØYSPENNING	['høj‚spɛniŋ]
BAIGNADE INTERDITE	BADING FORBUDT	['bɑdiŋ fɔr'bʉt]
HORS SERVICE	I USTAND	[i 'ʉ‚stɑn]
INFLAMMABLE	BRANNFARLIG	['brɑn‚fɑ:li]
INTERDIT	FORBUDT	[fɔr'bʉt]
PASSAGE INTERDIT	INGEN INNKJØRING	['iŋən 'in‚çœriŋ]
PEINTURE FRAÎCHE	NYMALT	['ny‚mɑlt]

56. Les transports en commun

autobus (m)	buss (m)	['bʉs]
tramway (m)	trikk (m)	['trik]
trolleybus (m)	trolleybuss (m)	['trɔli‚bʉs]
itinéraire (m)	rute (m/f)	['rʉtə]
numéro (m)	nummer (n)	['nʉmər]
prendre ...	å kjøre med ...	[ɔ 'çœ:rə me ...]
monter (dans l'autobus)	å gå på ...	[ɔ 'gɔ pɔ ...]

57

descendre de ...	å gå av ...	[ɔ 'gɔ a: ...]
arrêt (m)	holdeplass (m)	['hɔlə‚plɑs]
arrêt (m) prochain	neste holdeplass (m)	['nɛstə 'hɔlə‚plɑs]
terminus (m)	endestasjon (m)	['ɛnə‚stɑ'ʂʊn]
horaire (m)	rutetabell (m)	['rʉtə‚tɑ'bɛl]
attendre (vt)	å vente	[ɔ 'vɛntə]
ticket (m)	billett (m)	[bi'let]
prix (m) du ticket	billettpris (m)	[bi'let‚pris]
caissier (m)	kasserer (m)	[kɑ'serər]
contrôle (m) des tickets	billettkontroll (m)	[bi'let kʊn‚trɔl]
contrôleur (m)	billett inspektør (m)	[bi'let inspɛk'tør]
être en retard	å komme for sent	[ɔ 'kɔmə fɔ'ʂɛnt]
rater (~ le train)	å komme for sent til ...	[ɔ 'kɔmə fɔ'ʂɛnt til ...]
se dépêcher	å skynde seg	[ɔ 'ʂynə sæj]
taxi (m)	drosje (m/f), taxi (m)	['drɔʂɛ], ['tɑksi]
chauffeur (m) de taxi	taxisjåfør (m)	['tɑksi ʂɔ'før]
en taxi	med taxi	[me 'tɑksi]
arrêt (m) de taxi	taxiholdeplass (m)	['tɑksi 'hɔlə‚plɑs]
appeler un taxi	å taxi bestellen	[ɔ 'tɑksi be'stɛlən]
prendre un taxi	å ta taxi	[ɔ 'tɑ ‚tɑksi]
trafic (m)	trafikk (m)	[trɑ'fik]
embouteillage (m)	trafikkork (m)	[trɑ'fik‚kɔrk]
heures (f pl) de pointe	rushtid (m/f)	['rʉʂ‚tid]
se garer (vp)	å parkere	[ɔ pɑr'kerə]
garer (vt)	å parkere	[ɔ pɑr'kerə]
parking (m)	parkeringsplass (m)	[pɑr'keriŋs‚plɑs]
métro (m)	tunnelbane, T-bane (m)	['tʉnəl‚banə], ['tɛ:‚banə]
station (f)	stasjon (m)	[stɑ'ʂʊn]
prendre le métro	å kjøre med T-bane	[ɔ 'çœ:re me 'tɛ:‚banə]
train (m)	tog (n)	['tɔg]
gare (f)	togstasjon (m)	['tɔg‚stɑ'ʂʊn]

57. Le tourisme

monument (m)	monument (n)	[mɔnʉ'mɛnt]
forteresse (f)	festning (m/f)	['fɛstniŋ]
palais (m)	palass (n)	[pɑ'lɑs]
château (m)	borg (m)	['bɔrg]
tour (f)	tårn (n)	['tɔ:ŋ]
mausolée (m)	mausoleum (n)	[maʊsʉ'leum]
architecture (f)	arkitektur (m)	[ɑrkitɛk'tʉr]
médiéval (adj)	middelalderlig	['midəl‚ɑldɛ:[i]
ancien (adj)	gammel	['gaməl]
national (adj)	nasjonal	[naʂʊ'nɑl]
connu (adj)	kjent	['çɛnt]
touriste (m)	turist (m)	[tʉ'rist]
guide (m) (personne)	guide (m)	['gɑjd]

excursion (f)	utflukt (m/f)	['ʉtˌflʉkt]
montrer (vt)	å vise	[ɔ 'visə]
raconter (une histoire)	å fortelle	[ɔ fɔ:'tɛlə]
trouver (vt)	å finne	[ɔ 'finə]
se perdre (vp)	å gå seg bort	[ɔ 'gɔ sæj 'bʉ:t]
plan (m) (du metro, etc.)	kart, linjekart (n)	['kɑ:t], ['linjə'kɑ:t]
carte (f) (de la ville, etc.)	kart (n)	['kɑ:t]
souvenir (m)	suvenir (m)	[sʉve'nir]
boutique (f) de souvenirs	suvenirbutikk (m)	[sʉve'nir bʉ'tik]
prendre en photo	å fotografere	[ɔ fɔtɔgrɑ'ferə]
se faire prendre en photo	å bli fotografert	[ɔ 'bli fɔtɔgrɑ'fɛ:t]

58. Le shopping

acheter (vt)	å kjøpe	[ɔ 'çœ:pə]
achat (m)	innkjøp (n)	['inˌçœp]
faire des achats	å gå shopping	[ɔ 'gɔ ˌʂɔpiŋ]
shopping (m)	shopping (m)	['ʂɔpiŋ]
être ouvert	å være åpen	[ɔ 'værə 'ɔpən]
être fermé	å være stengt	[ɔ 'værə 'stɛŋt]
chaussures (f pl)	skotøy (n)	['skʉtøj]
vêtement (m)	klær (n)	['klær]
produits (m pl) de beauté	kosmetikk (m)	[kʉsme'tik]
produits (m pl) alimentaires	matvarer (m/f pl)	['mɑtˌvɑrər]
cadeau (m)	gave (m/f)	['gɑvə]
vendeur (m)	forselger (m)	[fɔ'ʂɛlər]
vendeuse (f)	forselger (m)	[fɔ'ʂɛlər]
caisse (f)	kasse (m/f)	['kɑsə]
miroir (m)	speil (n)	['spæjl]
comptoir (m)	disk (m)	['disk]
cabine (f) d'essayage	prøverom (n)	['prøvəˌrʉm]
essayer (robe, etc.)	å prøve	[ɔ 'prøvə]
aller bien (robe, etc.)	å passe	[ɔ 'pɑsə]
plaire (être apprécié)	å like	[ɔ 'likə]
prix (m)	pris (m)	['pris]
étiquette (f) de prix	prislapp (m)	['prisˌlɑp]
coûter (vt)	å koste	[ɔ 'kɔstə]
Combien?	Hvor mye?	[vʉr 'mye]
rabais (m)	rabatt (m)	[rɑ'bɑt]
pas cher (adj)	billig	['bili]
bon marché (adj)	billig	['bili]
cher (adj)	dyr	['dyr]
C'est cher	Det er dyrt	[de ær 'dy:t]
location (f)	utleie (m/f)	['ʉtˌlæjə]
louer (une voiture, etc.)	å leie	[ɔ 'læjə]

crédit (m)	kreditt (m)	[krɛ'dit]
à crédit (adv)	på kreditt	[pɔ krɛ'dit]

59. L'argent

argent (m)	penger (m pl)	['pɛŋər]
échange (m)	veksling (m/f)	['vɛkṣliŋ]
cours (m) de change	kurs (m)	['kʉṣ]
distributeur (m)	minibank (m)	['mini,bank]
monnaie (f)	mynt (m)	['mʏnt]

dollar (m)	dollar (m)	['dɔlɑr]
euro (m)	euro (m)	['ɛʉrʉ]

lire (f)	lira (m)	['lire]
mark (m) allemand	mark (m/f)	['mɑrk]
franc (m)	franc (m)	['frɑn]
livre sterling (f)	pund sterling (m)	['pʉn stɛː'liŋ]
yen (m)	yen (m)	['jɛn]

dette (f)	skyld (m/f), gjeld (m)	['ṣyl], ['jɛl]
débiteur (m)	skyldner (m)	['ṣylnər]
prêter (vt)	å låne ut	[ɔ 'loːnə ʉt]
emprunter (vt)	å låne	[ɔ 'loːnə]

banque (f)	bank (m)	['bɑnk]
compte (m)	konto (m)	['kɔntʉ]
verser (dans le compte)	å sette inn	[ɔ 'sɛtə in]
verser dans le compte	å sette inn på kontoen	[ɔ 'sɛtə in pɔ 'kɔntʉən]
retirer du compte	å ta ut fra kontoen	[ɔ 'tɑ ʉt frɑ 'kɔntʉən]

carte (f) de crédit	kredittkort (n)	[krɛ'dit,kɔːt]
espèces (f pl)	kontanter (m pl)	[kʉn'tɑntər]
chèque (m)	sjekk (m)	['ṣɛk]
faire un chèque	å skrive en sjekk	[ɔ 'skrivə en 'ṣɛk]
chéquier (m)	sjekkbok (m/f)	['ṣɛk,bʉk]

portefeuille (m)	lommebok (m)	['lʉmə,bʉk]
bourse (f)	pung (m)	['pʉŋ]
coffre fort (m)	safe, seif (m)	['sɛjf]

héritier (m)	arving (m)	['ɑrviŋ]
héritage (m)	arv (m)	['ɑrv]
fortune (f)	formue (m)	['fɔr,mʉə]

location (f)	leie (m)	['læje]
loyer (m) (argent)	husleie (m/f)	['hʉs,læje]
louer (prendre en location)	å leie	[ɔ 'læje]

prix (m)	pris (m)	['pris]
coût (m)	kostnad (m)	['kɔstnɑd]
somme (f)	sum (m)	['sʉm]
dépenser (vt)	å bruke	[ɔ 'brʉkə]
dépenses (f pl)	utgifter (m/f pl)	['ʉt,jiftər]

économiser (vt)	å spare	[ɔ 'spɑrə]
économe (adj)	sparsom	['spɑʂɔm]

payer (régler)	å betale	[ɔ be'tɑlə]
paiement (m)	betaling (m/f)	[be'tɑliŋ]
monnaie (f) (rendre la ~)	vekslepenger (pl)	['vɛkʂlə,pɛŋər]

impôt (m)	skatt (m)	['skɑt]
amende (f)	bot (m/f)	['bʊt]
mettre une amende	å bøtelegge	[ɔ 'bøtə,legə]

60. La poste. Les services postaux

poste (f)	post (m)	['pɔst]
courrier (m) (lettres, etc.)	post (m)	['pɔst]
facteur (m)	postbud (n)	['pɔst,bʉd]
heures (f pl) d'ouverture	åpningstider (m/f pl)	['ɔpniŋs,tidər]

lettre (f)	brev (n)	['brev]
recommandé (m)	rekommandert brev (n)	[rekʊmɑn'dɛːt̡ ,brev]
carte (f) postale	postkort (n)	['pɔst,kɔːt]
télégramme (m)	telegram (n)	[tele'grɑm]
colis (m)	postpakke (m/f)	['pɔst,pɑkə]
mandat (m) postal	pengeoverføring (m/f)	['pɛŋə 'ɔvər,føriŋ]

recevoir (vt)	å motta	[ɔ 'mɔtɑ]
envoyer (vt)	å sende	[ɔ 'sɛnə]
envoi (m)	avsending (m)	['ɑf,sɛniŋ]

adresse (f)	adresse (m)	[ɑ'drɛsə]
code (m) postal	postnummer (n)	['pɔst,nʉmər]
expéditeur (m)	avsender (m)	['ɑf,sɛnər]
destinataire (m)	mottaker (m)	['mɔt,tɑkər]

prénom (m)	fornavn (n)	['fɔr,nɑvn]
nom (m) de famille	etternavn (n)	['ɛtə,nɑvn]

tarif (m)	tariff (m)	[tɑ'rif]
normal (adj)	vanlig	['vɑnli]
économique (adj)	økonomisk	[økʊ'nɔmisk]

poids (m)	vekt (m)	['vɛkt]
peser (~ les lettres)	å veie	[ɔ 'væje]
enveloppe (f)	konvolutt (m)	[kʊnvʊ'lʉt]
timbre (m)	frimerke (n)	['fri,mærkə]
timbrer (vt)	å sette på frimerke	[ɔ 'sɛtə pɔ 'fri,mærkə]

Le logement. La maison. Le foyer

61. La maison. L'électricité

électricité (f)	elektrisitet (m)	[ɛlektrisi'tet]
ampoule (f)	lyspære (m/f)	['lys,pærə]
interrupteur (m)	strømbryter (m)	['strøm,brytər]
plomb, fusible (m)	sikring (m)	['sikriŋ]
fil (m) (~ électrique)	ledning (m)	['ledniŋ]
installation (f) électrique	ledningsnett (n)	['ledniŋs,nɛt]
compteur (m) électrique	elmåler (m)	['ɛl,molər]
relevé (m)	avlesninger (m/f pl)	['av,lesniŋər]

62. La villa et le manoir

maison (f) de campagne	fritidshus (n)	['fritids,hʉs]
villa (f)	villa (m)	['vila]
aile (f) (~ ouest)	fløy (m)	['fløj]
jardin (m)	hage (m)	['hagə]
parc (m)	park (m)	['park]
serre (f) tropicale	drivhus (n)	['driv,hʉs]
s'occuper (~ du jardin)	å ta vare	[ɔ 'ta ˌvarə]
piscine (f)	svømmebasseng (n)	['svœməˌba'sɛŋ]
salle (f) de gym	gym (m)	['dʒym]
court (m) de tennis	tennisbane (m)	['tɛnis,banə]
salle (f) de cinéma	hjemmekino (m)	['jɛməˌçinʉ]
garage (m)	garasje (m)	[ga'raʂə]
propriété (f) privée	privateiendom (m)	[pri'vat 'æjəndɔm]
terrain (m) privé	privat terreng (n)	[pri'vat tɛ'rɛŋ]
avertissement (m)	advarsel (m)	['adˌvaʂəl]
panneau d'avertissement	varselskilt (n)	['vaʂəlˌʂilt]
sécurité (f)	sikkerhet (m/f)	['sikər,het]
agent (m) de sécurité	sikkerhetsvakt (m/f)	['sikərhɛtsˌvakt]
alarme (f) antivol	tyverialarm (m)	[tyve'ri a'larm]

63. L'appartement

appartement (m)	leilighet (m/f)	['læjli,het]
chambre (f)	rom (n)	['rʉm]
chambre (f) à coucher	soverom (n)	['sovəˌrʉm]

salle (f) à manger	spisestue (m/f)	['spisəˌstʉə]
salon (m)	dagligstue (m/f)	['dagliˌstʉə]
bureau (m)	arbeidsrom (n)	['arbæjdsˌrʊm]
antichambre (f)	entré (m)	[an'trɛː]
salle (f) de bains	bad, baderom (n)	['bad], ['badəˌrʊm]
toilettes (f pl)	toalett, WC (n)	[tʊa'let], [vɛ'sɛ]
plafond (m)	tak (n)	['tak]
plancher (m)	gulv (n)	['gʉlv]
coin (m)	hjørne (n)	['jœːŋə]

64. Les meubles. L'intérieur

meubles (m pl)	møbler (n pl)	['møblər]
table (f)	bord (n)	['bʊr]
chaise (f)	stol (m)	['stʊl]
lit (m)	seng (m/f)	['sɛŋ]
canapé (m)	sofa (m)	['sʊfa]
fauteuil (m)	lenestol (m)	['lenəˌstʊl]
bibliothèque (f) (meuble)	bokskap (n)	['bʊkˌskap]
rayon (m)	hylle (m/f)	['hʏlə]
armoire (f)	klesskap (n)	['kleˌskap]
patère (f)	knaggbrett (n)	['knagˌbrɛt]
portemanteau (m)	stumtjener (m)	['stʉmˌtjenər]
commode (f)	kommode (m)	[kʊ'mʊdə]
table (f) basse	kaffebord (n)	['kafəˌbʊr]
miroir (m)	speil (n)	['spæjl]
tapis (m)	teppe (n)	['tɛpə]
petit tapis (m)	lite teppe (n)	['litə 'tɛpə]
cheminée (f)	peis (m), ildsted (n)	['pæjs], ['ilsted]
bougie (f)	lys (n)	['lys]
chandelier (m)	lysestake (m)	['lysəˌstakə]
rideaux (m pl)	gardiner (m/f pl)	[gaː'dinər]
papier (m) peint	tapet (n)	[ta'pet]
jalousie (f)	persienne (m)	[pæʂi'enə]
lampe (f) de table	bordlampe (m/f)	['bʊrˌlampə]
applique (f)	vegglampe (m/f)	['vɛgˌlampə]
lampadaire (m)	gulvlampe (m/f)	['gʉlvˌlampə]
lustre (m)	lysekrone (m/f)	['lysəˌkrʊnə]
pied (m) (~ de la table)	bein (n)	['bæjn]
accoudoir (m)	armlene (n)	['armˌlenə]
dossier (m)	rygg (m)	['rʏg]
tiroir (m)	skuff (m)	['skʉf]

65. La literie

linge (m) de lit	sengetøy (n)	['sɛŋə,tøj]
oreiller (m)	pute (m/f)	['pʉtə]
taie (f) d'oreiller	putevar, putetrekk (n)	['pʉtə,var], ['pʉtə,trɛk]
couverture (f)	dyne (m/f)	['dynə]
drap (m)	laken (n)	['lakən]
couvre-lit (m)	sengeteppe (n)	['sɛŋə,tɛpə]

66. La cuisine

cuisine (f)	kjøkken (n)	['çœkən]
gaz (m)	gass (m)	['gas]
cuisinière (f) à gaz	gasskomfyr (m)	['gas kɔm,fyr]
cuisinière (f) électrique	elektrisk komfyr (m)	[ɛ'lektrisk kɔm,fyr]
four (m)	bakeovn (m)	['bakə,ɔvn]
four (m) micro-ondes	mikrobølgeovn (m)	['mikrʉ,bølgə'ɔvn]
réfrigérateur (m)	kjøleskap (n)	['çœlə,skap]
congélateur (m)	fryser (m)	['frysər]
lave-vaisselle (m)	oppvaskmaskin (m)	['ɔpvask ma,şin]
hachoir (m) à viande	kjøttkvern (m/f)	['çœt,kvɛːn]
centrifugeuse (f)	juicepresse (m/f)	['dʒʉs,prɛsə]
grille-pain (m)	brødrister (m)	['brø,ristər]
batteur (m)	mikser (m)	['miksər]
machine (f) à café	kaffetrakter (m)	['kafə,traktər]
cafetière (f)	kaffekanne (m/f)	['kafə,kanə]
moulin (m) à café	kaffekvern (m/f)	['kafə,kvɛːn]
bouilloire (f)	tekjele (m)	['te,çelə]
théière (f)	tekanne (m/f)	['te,kanə]
couvercle (m)	lokk (n)	['lɔk]
passoire (f) à thé	tesil (m)	['te,sil]
cuillère (f)	skje (m)	['şe]
petite cuillère (f)	teskje (m)	['te,şe]
cuillère (f) à soupe	spiseskje (m)	['spisə,şɛ]
fourchette (f)	gaffel (m)	['gafəl]
couteau (m)	kniv (m)	['kniv]
vaisselle (f)	servise (n)	[sær'visə]
assiette (f)	tallerken (m)	[ta'lærkən]
soucoupe (f)	tefat (n)	['te,fat]
verre (m) à shot	shotglass (n)	['şɔt,glas]
verre (m) (~ d'eau)	glass (n)	['glas]
tasse (f)	kopp (m)	['kɔp]
sucrier (m)	sukkerskål (m/f)	['sʉkər,skɔl]
salière (f)	saltbøsse (m/f)	['salt,bøsə]
poivrière (f)	pepperbøsse (m/f)	['pɛpər,bøsə]

beurrier (m)	smørkopp (m)	['smœrˌkɔp]
casserole (f)	gryte (m/f)	['grytə]
poêle (f)	steikepanne (m/f)	['stæjkəˌpanə]
louche (f)	sleiv (m/f)	['ʂlæjv]
passoire (f)	dørslag (n)	['dœʂlag]
plateau (m)	brett (n)	['brɛt]
bouteille (f)	flaske (m)	['flaskə]
bocal (m) (à conserves)	glasskrukke (m/f)	['glasˌkrʉkə]
boîte (f) en fer-blanc	boks (m)	['bɔks]
ouvre-bouteille (m)	flaskeåpner (m)	['flaskəˌɔpnər]
ouvre-boîte (m)	konservåpner (m)	['kʉnsəvˌɔpnər]
tire-bouchon (m)	korketrekker (m)	['kɔrkəˌtrɛkər]
filtre (m)	filter (n)	['filtər]
filtrer (vt)	å filtrere	[ɔ fil'trerə]
ordures (f pl)	søppel (m/f/n)	['sœpəl]
poubelle (f)	søppelbøtte (m/f)	['sœpəlˌbœtə]

67. La salle de bains

salle (f) de bains	bad, baderom (n)	['bad], ['badəˌrʉm]
eau (f)	vann (n)	['van]
robinet (m)	kran (m/f)	['kran]
eau (f) chaude	varmt vann (n)	['varmt ˌvan]
eau (f) froide	kaldt vann (n)	['kalt van]
dentifrice (m)	tannpasta (m)	['tanˌpasta]
se brosser les dents	å pusse tennene	[ɔ 'pʉsə 'tɛnənə]
brosse (f) à dents	tannbørste (m)	['tanˌbœʂtə]
se raser (vp)	å barbere seg	[ɔ bar'berə sæj]
mousse (f) à raser	barberskum (n)	[bar'bɛˌskʉm]
rasoir (m)	høvel (m)	['høvəl]
laver (vt)	å vaske	[ɔ 'vaskə]
se laver (vp)	å vaske seg	[ɔ 'vaskə sæj]
douche (f)	dusj (m)	['dʉʂ]
prendre une douche	å ta en dusj	[ɔ 'ta en 'dʉʂ]
baignoire (f)	badekar (n)	['badəˌkar]
cuvette (f)	toalettstol (m)	[tʉa'letˌstʉl]
lavabo (m)	vaskeservant (m)	['vaskəˌsɛr'vant]
savon (m)	såpe (m/f)	['soːpə]
porte-savon (m)	såpeskål (m/f)	['soːpəˌskɔl]
éponge (f)	svamp (m)	['svamp]
shampooing (m)	sjampo (m)	['ʂamˌpʉ]
serviette (f)	håndkle (n)	['hɔnˌkle]
peignoir (m) de bain	badekåpe (m/f)	['badəˌkoːpə]
lessive (f) (faire la ~)	vask (m)	['vask]
machine (f) à laver	vaskemaskin (m)	['vaskə maˌʂin]

| faire la lessive | à vaske tøy | [ɔ 'vaskə 'tøj] |
| lessive (f) (poudre) | vaskepulver (n) | ['vaskə͵pʉlvər] |

68. Les appareils électroménagers

téléviseur (m)	TV (m), TV-apparat (n)	['tɛvɛ], ['tɛvɛ ɑpɑ'rɑt]
magnétophone (m)	båndopptaker (m)	['bɔn͵ɔptɑkər]
magnétoscope (m)	video (m)	['vidɛʉ]
radio (f)	radio (m)	['rɑdiʉ]
lecteur (m)	spiller (m)	['spilər]

vidéoprojecteur (m)	videoprojektor (m)	['vidɛʉ prɔ'jɛktɔr]
home cinéma (m)	hjemmekino (m)	['jɛmə͵çinʉ]
lecteur DVD (m)	DVD-spiller (m)	[deve'de ͵spilər]
amplificateur (m)	forsterker (m)	[fɔ'ʂtærkər]
console (f) de jeux	spillkonsoll (m)	['spil kʉn'sɔl]

caméscope (m)	videokamera (n)	['vidɛʉ ͵kɑmerɑ]
appareil (m) photo	kamera (n)	['kɑmerɑ]
appareil (m) photo numérique	digitalkamera (n)	[digi'tɑl ͵kɑmerɑ]

aspirateur (m)	støvsuger (m)	['støf͵sʉgər]
fer (m) à repasser	strykejern (n)	['strykəjæːɳ]
planche (f) à repasser	strykebrett (n)	['strykə͵brɛt]

téléphone (m)	telefon (m)	[tele'fʉn]
portable (m)	mobiltelefon (m)	[mʉ'bil tele'fʉn]
machine (f) à écrire	skrivemaskin (m)	['skrivə mɑ͵ʂin]
machine (f) à coudre	symaskin (m)	['siːmɑ͵ʂin]

micro (m)	mikrofon (m)	[mikrʉ'fʉn]
écouteurs (m pl)	hodetelefoner (n pl)	['hɔdətelə͵fʉnər]
télécommande (f)	fjernkontroll (m)	['fjæːɳ kʉn'trɔl]

CD (m)	CD-rom (m)	['sɛdɛ͵rʉm]
cassette (f)	kassett (m)	[kɑ'sɛt]
disque (m) (vinyle)	plate, skive (m/f)	['plɑtə], ['ʂivə]

LES ACTIVITÉS HUMAINS

Le travail. Les affaires. Partie 1

69. Le bureau. La vie de bureau

bureau (m) (établissement)	kontor (n)	[kʊn'tʊr]
bureau (m) (au travail)	kontor (n)	[kʊn'tʊr]
accueil (m)	resepsjon (m)	[resɛp'ʂʊn]
secrétaire (m, f)	sekretær (m)	[sɛkrə'tær]
secrétaire (f)	sekretær (m)	[sɛkrə'tær]
directeur (m)	direktør (m)	[dirɛk'tør]
manager (m)	manager (m)	['mɛnidʒər]
comptable (m)	regnskapsfører (m)	['rɛjnskaps,førər]
collaborateur (m)	ansatt (n)	['an,sat]
meubles (m pl)	møbler (n pl)	['møblər]
bureau (m)	bord (n)	['bʊr]
fauteuil (m)	arbeidsstol (m)	['arbæjds,stʊl]
classeur (m) à tiroirs	skuffeseksjon (m)	['skʉfə,sɛk'ʂʊn]
portemanteau (m)	stumtjener (m)	['stʉm,tjenər]
ordinateur (m)	datamaskin (m)	['data ma,ʂin]
imprimante (f)	skriver (m)	['skrivər]
fax (m)	faks (m)	['faks]
copieuse (f)	kopimaskin (m)	[kʊ'pi ma,ʂin]
papier (m)	papir (n)	[pa'pir]
papeterie (f)	kontorartikler (m pl)	[kʊn'tʊr ɑːˈt̪iklər]
tapis (m) de souris	musematte (m/f)	['mʉsə,matə]
feuille (f)	ark (n)	['ark]
classeur (m)	mappe (m/f)	['mapə]
catalogue (m)	katalog (m)	[kata'lɔg]
annuaire (m)	telefonkatalog (m)	[tele'fʊn kata'lɔg]
documents (m pl)	dokumentasjon (m)	[dɔkʉmɛnta'ʂʊn]
brochure (f)	brosjyre (m)	[brɔ'ʂyrə]
prospectus (m)	reklameblad (n)	[rɛ'klamə,bla]
échantillon (m)	prøve (m)	['prøvə]
formation (f)	trening (m/f)	['treniŋ]
réunion (f)	møte (n)	['møtə]
pause (f) déjeuner	lunsj pause (m)	['lʉnʂ ,pausə]
faire une copie	å lage en kopi	[ɔ 'lagə en kʊ'pi]
faire des copies	å kopiere	[ɔ kʊ'pjerə]
recevoir un fax	å motta faks	[ɔ 'mɔta ,faks]
envoyer un fax	å sende faks	[ɔ 'sɛnə ,faks]

téléphoner, appeler	å ringe	[ɔ 'riŋə]
répondre (vi, vt)	å svare	[ɔ 'svarə]
passer (au téléphone)	å sætte over til …	[ɔ 'sætə 'ɔvər til …]
fixer (rendez-vous)	å arrangere	[ɔ arɑŋ'ʂerə]
montrer (un échantillon)	å demonstrere	[ɔ demɔn'strerə]
être absent	å være fraværende	[ɔ 'værə 'fra̩værənə]
absence (f)	fravær (n)	['fra̩vær]

70. Les processus d'affaires. Partie 1

affaire (f) (business)	bedrift, handel (m)	[be'drift], ['handəl]
métier (m)	yrke (n)	['yrkə]
firme (f), société (f)	firma (n)	['firma]
compagnie (f)	foretak (n)	['fɔrə̩tak]
corporation (f)	korporasjon (m)	[kʊrpʊra'ʂʊn]
entreprise (f)	foretak (n)	['fɔrə̩tak]
agence (f)	agentur (n)	[agɛn'tʉr]
accord (m)	avtale (m)	['av̩talə]
contrat (m)	kontrakt (m)	[kʊn'trakt]
marché (m) (accord)	avtale (m)	['av̩talə]
commande (f)	bestilling (m)	[be'stiliŋ]
terme (m) (~ du contrat)	vilkår (n)	['vil̩kɔ:r]
en gros (adv)	en gros	[ɛn 'grɔ]
en gros (adj)	engros-	[ɛŋ'grɔ-]
vente (f) en gros	engroshandel (m)	[ɛŋ'grɔ̩handəl]
au détail (adj)	detalj-	[de'talj-]
vente (f) au détail	detaljhandel (m)	[de'talj̩handəl]
concurrent (m)	konkurrent (m)	[kʊnkʉ'rɛnt]
concurrence (f)	konkurranse (m)	[kʊnkʉ'ransə]
concurrencer (vt)	å konkurrere	[ɔ kʊnkʉ'rerə]
associé (m)	partner (m)	['pɑ:ʈnər]
partenariat (m)	partnerskap (n)	['pɑ:ʈnə̩skap]
crise (f)	krise (m/f)	['krisə]
faillite (f)	fallitt (m)	[fa'lit]
faire faillite	å gå konkurs	[ɔ 'gɔ kɔn'kʉʂ]
difficulté (f)	vanskelighet (m)	['vanskəli̩het]
problème (m)	problem (n)	[prʊ'blem]
catastrophe (f)	katastrofe (m)	[kata'strɔfə]
économie (f)	økonomi (m)	[økʊnʊ'mi]
économique (adj)	økonomisk	[økʉ'nɔmisk]
baisse (f) économique	økonomisk nedgang (m)	[økʉ'nɔmisk 'ned̩gaŋ]
but (m)	mål (n)	['mɔl]
objectif (m)	oppgave (m/f)	['ɔp̩gavə]
faire du commerce	å handle	[ɔ 'handlə]
réseau (m) (de distribution)	nettverk (n)	['nɛt̩værk]

inventaire (m) (stocks)	lager (n)	['lagər]
assortiment (m)	sortiment (n)	[sɔ:ti'mɛn]
leader (m)	leder (m)	['ledər]
grande (~ entreprise)	stor	['stʊr]
monopole (m)	monopol (n)	[mʊnʊ'pɔl]
théorie (f)	teori (m)	[teʊ'ri]
pratique (f)	praksis (m)	['praksis]
expérience (f)	erfaring (m/f)	[ær'fariŋ]
tendance (f)	tendens (m)	[tɛn'dɛns]
développement (m)	utvikling (m/f)	['ʉt‚vikliŋ]

71. Les processus d'affaires. Partie 2

rentabilité (m)	utbytte (n), fordel (m)	['ʉt‚bʏtə], ['fɔ:dəl]
rentable (adj)	fordelaktig	[fɔ:dəl'akti]
délégation (f)	delegasjon (m)	[delega'ʂʊn]
salaire (m)	lønn (m/f)	['lœn]
corriger (une erreur)	å rette	[ɔ 'rɛtə]
voyage (m) d'affaires	forretningsreise (m/f)	[fɔ'rɛtniŋs‚ræjsə]
commission (f)	provisjon (m)	[prʊvi'ʂʊn]
contrôler (vt)	å kontrollere	[ɔ kʊntrɔ'lerə]
conférence (f)	konferanse (m)	[kʊnfə'ransə]
licence (f)	lisens (m)	[li'sɛns]
fiable (partenaire ~)	pålitelig	[pɔ'liteli]
initiative (f)	initiativ (n)	[initsia'tiv]
norme (f)	norm (m)	['nɔrm]
circonstance (f)	omstendighet (m)	[ɔm'stɛndi‚het]
fonction (f)	plikt (m/f)	['plikt]
entreprise (f)	organisasjon (m)	[ɔrganisa'ʂʊn]
organisation (f)	organisering (m)	[ɔrgani'seriŋ]
organisé (adj)	organisert	[ɔrgani'sɛ:t]
annulation (f)	avlysning (m/f)	['av‚lʏsniŋ]
annuler (vt)	å avlyse, å annullere	[ɔ 'av‚lʏsə], [ɔ anʉ'lerə]
rapport (m)	rapport (m)	[ra'pɔ:t]
brevet (m)	patent (n)	[pa'tɛnt]
breveter (vt)	å patentere	[ɔ paten'terə]
planifier (vt)	å planlegge	[ɔ 'plan‚legə]
prime (f)	gratiale (n)	[gratsi'a:lə]
professionnel (adj)	professionel	[prʊ'fɛsiɔ‚nɛl]
procédure (f)	prosedyre (m)	[prʊsə'dyrə]
examiner (vt)	å undersøke	[ɔ 'ʉnə‚søkə]
calcul (m)	beregning (m/f)	[be'rɛjniŋ]
réputation (f)	rykte (n)	['rʏktə]
risque (m)	risiko (m)	['risikʊ]
diriger (~ une usine)	å styre, å lede	[ɔ 'styrə], [ɔ 'ledə]

renseignements (m pl)	opplysninger (m/f pl)	['ɔp,lʏsniŋər]
propriété (f)	eiendom (m)	['æjən,dɔm]
union (f)	forbund (n)	['fɔr,bʉn]

assurance vie (f)	livsforsikring (m/f)	['lifsfɔ,ʂikriŋ]
assurer (vt)	å forsikre	[ɔ fɔ'ʂikrə]
assurance (f)	forsikring (m/f)	[fɔ'ʂikriŋ]

enchères (f pl)	auksjon (m)	[aʉk'ʂʉn]
notifier (informer)	å underrette	[ɔ 'ʉnə,rɛtə]
gestion (f)	ledelse (m)	['ledəlsə]
service (m)	tjeneste (m)	['tjenɛstə]

forum (m)	forum (n)	['fɔrum]
fonctionner (vi)	å fungere	[ɔ fʉ'ŋerə]
étape (f)	etappe (m)	[e'tɑpə]
juridique (services ~s)	juridisk	[jʉ'ridisk]
juriste (m)	jurist (m)	[jʉ'rist]

72. L'usine. La production

usine (f)	verk (n)	['værk]
fabrique (f)	fabrikk (m)	[fɑ'brik]
atelier (m)	verkstad (m)	['værk,stɑd]
site (m) de production	produksjonsplass (m)	[prʉdʉk'ʂʉns ,plɑs]

industrie (f)	industri (m)	[indʉ'stri]
industriel (adj)	industriell	[indʉstri'ɛl]
industrie (f) lourde	tungindustri (m)	['tʉŋ ,indʉ'stri]
industrie (f) légère	lettindustri (m)	['let,indʉ'stri]

produit (m)	produksjon (m)	[prʉdʉk'ʂʉn]
produire (vt)	å produsere	[ɔ prʉdʉ'serə]
matières (f pl) premières	råstoffer (n pl)	['rɔ,stɔfər]

chef (m) d'équipe	formann, bas (m)	['fɔrmɑn], ['bɑs]
équipe (f) d'ouvriers	arbeidslag (n)	['ɑrbæjds,lɑg]
ouvrier (m)	arbeider (m)	['ɑr,bæjdər]

jour (m) ouvrable	arbeidsdag (m)	['ɑrbæjds,dɑ]
pause (f) (repos)	hvilepause (m)	['vilə,paʉse]
réunion (f)	møte (n)	['møtə]
discuter (vt)	å drøfte, å diskutere	[ɔ 'drœftə], [ɔ diskʉ'terə]

plan (m)	plan (m)	['plɑn]
accomplir le plan	å oppfylle planen	[ɔ 'ɔp,fʏlə 'plɑnən]
norme (f) de production	produksjonsmål (n)	[prʉdʉk'ʂʉns ,mol]
qualité (f)	kvalitet (m)	[kvɑli'tɛt]
contrôle (m)	kontroll (m)	[kʉn'trɔl]
contrôle (m) qualité	kvalitetskontroll (m)	[kvɑli'tɛt kʉn'trɔl]

sécurité (f) de travail	arbeidervern (n)	['ɑrbæjdər,væ:ŋ]
discipline (f)	disiplin (m)	[disip'lin]
infraction (f)	brudd (n)	['brʉd]

violer (les règles)	å bryte	[ɔ 'brytə]
grève (f)	streik (m)	['stræjk]
gréviste (m)	streiker (m)	['stræjkər]
faire grève	å streike	[ɔ 'stræjkə]
syndicat (m)	fagforening (m/f)	['fɑgfɔˌreniŋ]

inventer (machine, etc.)	å oppfinne	[ɔ 'ɔpˌfinə]
invention (f)	oppfinnelse (m)	['ɔpˌfinəlsə]
recherche (f)	forskning (m)	['fɔːʂkniŋ]
améliorer (vt)	å forbedre	[ɔ fɔr'bɛdrə]
technologie (f)	teknologi (m)	[tɛknʊlʊ'gi]
dessin (m) technique	teknisk tegning (m/f)	['tɛknisk ˌtæjniŋ]

charge (f) (~ de 3 tonnes)	last (m/f)	['lɑst]
chargeur (m)	lastearbeider (m)	['lɑstəˈɑrˌbæjdər]
charger (véhicule, etc.)	å laste	[ɔ 'lɑstə]
chargement (m)	lasting (m/f)	['lɑstiŋ]
décharger (vt)	å lesse av	[ɔ 'lese ɑː]
déchargement (m)	avlessing (m/f)	['ɑvˌlesiŋ]

transport (m)	transport (m)	[trɑns'pɔːt]
compagnie (f) de transport	transportfirma (n)	[trɑns'pɔːt ˌfirmɑ]
transporter (vt)	å transportere	[ɔ trɑnspɔːˈʈerə]

wagon (m) de marchandise	godsvogn (m/f)	['gʊtsˌvɔŋn]
citerne (f)	tank (m)	['tɑnk]
camion (m)	lastebil (m)	['lɑstəˌbil]

| machine-outil (f) | verktøymaskin (m) | ['værktøj mɑˌʂin] |
| mécanisme (m) | mekanisme (m) | [mekɑ'nismə] |

déchets (m pl)	industrielt avfall (n)	[indɵstri'ɛlt 'ɑvˌfɑl]
emballage (m)	pakning (m/f)	['pɑkniŋ]
emballer (vt)	å pakke	[ɔ 'pɑkə]

73. Le contrat. L'accord

contrat (m)	kontrakt (m)	[kʊn'trɑkt]
accord (m)	avtale (m)	['ɑvˌtɑlə]
annexe (f)	tillegg, bilag (n)	['tiˌleg], ['biˌlɑg]

signer un contrat	å inngå kontrakt	[ɔ 'inˌgɔ kʊn'trɑkt]
signature (f)	underskrift (m/f)	['ɵnəˌskrift]
signer (vt)	å underskrive	[ɔ 'ɵnəˌskrivə]
cachet (m)	stempel (n)	['stɛmpəl]

objet (m) du contrat	kontraktens gjenstand (m)	[kʊn'trɑktəns 'jɛnˌstɑn]
clause (f)	klausul (m)	[klɑʊ'sʉl]
côtés (m pl)	parter (m pl)	['pɑːʈər]
adresse (f) légale	juridisk adresse (m/f)	[jʉ'ridisk ɑ'drɛsə]

violer l'accord	å bryte kontrakten	[ɔ 'brytə kʊn'trɑktən]
obligation (f)	forpliktelse (m)	[fɔr'pliktəlsə]
responsabilité (f)	ansvar (n)	['ɑnˌsvɑr]

force (f) majeure | force majeure (m) | [ˌfɔrs ma'ʒøːr]
litige (m) | tvist (m) | ['tvist]
pénalités (f pl) | straffeavgifter (m pl) | ['strafə av'jiftər]

74. L'importation. L'exportation

importation (f) | import (m) | [im'pɔːt]
importateur (m) | importør (m) | [impɔːˈtør]
importer (vt) | å importere | [ɔ impɔːˈteːrə]
d'importation | import- | [im'pɔːt-]

exportation (f) | eksport (m) | [ɛks'pɔːt]
exportateur (m) | eksportør (m) | [ɛkspɔːˈtør]
exporter (vt) | å eksportere | [ɔ ɛkspɔːˈteːrə]
d'exportation (adj) | eksport- | [ɛks'pɔːt-]

marchandise (f) | vare (m/f) | ['varə]
lot (m) de marchandises | parti (n) | [paːˈti]

poids (m) | vekt (m) | ['vɛkt]
volume (m) | volum (n) | [vɔˈlʉm]
mètre (m) cube | kubikkmeter (m) | [kʉ'bikˌmetər]

producteur (m) | produsent (m) | [prʉdʉ'sɛnt]
compagnie (f) de transport | transportfirma (n) | [trans'pɔːtˌfirma]
container (m) | container (m) | [kɔn'tɛjnər]

frontière (f) | grense (m/f) | ['grɛnsə]
douane (f) | toll (m) | ['tɔl]
droit (m) de douane | tollavgift (m) | ['tɔl av'jift]
douanier (m) | tollbetjent (m) | ['tɔlbəˌtjɛnt]
contrebande (f) (trafic) | smugling (m/f) | ['smʉgliŋ]
contrebande (f) | smuglergods (n) | ['smʉgləˌguts]

75. La finance

action (f) | aksje (m) | ['akʂə]
obligation (f) | obligasjon (m) | [ɔbliga'ʂuːn]
lettre (f) de change | veksel (m) | ['vɛksəl]

bourse (f) | børs (m) | ['bœʂ]
cours (m) d'actions | aksjekurs (m) | ['akʂəˌkʉʂ]

baisser (vi) | å gå ned | [ɔ 'gɔ neː]
augmenter (vi) (prix) | å gå opp | [ɔ 'gɔ ɔp]

part (f) | andel (m) | ['anˌdel]
participation (f) de contrôle | aksjemajoritet (m) | ['akʂəˌmajɔri'tet]
investissements (m pl) | investering (m/f) | [inve'steriŋ]
investir (vt) | å investere | [ɔ inve'steːrə]
pour-cent (m) | prosent (m) | [prʉ'sɛnt]
intérêts (m pl) | rente (m/f) | ['rɛntə]

profit (m)	profitt (m), fortjeneste (m/f)	[prɔ'fit], [fɔː'tjɛnɛstə]
profitable (adj)	profitabel	[prɔfi'tabəl]
impôt (m)	skatt (m)	['skat]
devise (f)	valuta (m)	[va'lʉta]
national (adj)	nasjonal	[naṣʉ'nal]
échange (m)	veksling (m/f)	['vɛkṣliŋ]
comptable (m)	regnskapsfører (m)	['rɛjnskaps‚førər]
comptabilité (f)	bokføring (m/f)	['bʉk'føriŋ]
faillite (f)	fallitt (m)	[fa'lit]
krach (m)	krakk (n)	['krak]
ruine (f)	ruin (m)	[rʉ'in]
se ruiner (vp)	å ruinere seg	[ɔ rʉi'nerə sæj]
inflation (f)	inflasjon (m)	[infla'ṣʉn]
dévaluation (f)	devaluering (m)	[devalʉ'eriŋ]
capital (m)	kapital (m)	[kapi'tal]
revenu (m)	inntekt (m/f), innkomst (m)	['in‚tɛkt], ['in‚kɔmst]
chiffre (m) d'affaires	omsetning (m/f)	['ɔm‚sɛtniŋ]
ressources (f pl)	ressurser (m pl)	[re'sʉṣər]
moyens (m pl) financiers	pengemidler (m pl)	['pɛŋə‚midlər]
frais (m pl) généraux	faste utgifter (m/f pl)	['fastə 'ʉt‚jiftər]
réduire (vt)	å redusere	[ɔ redʉ'serə]

76. La commercialisation. Le marketing

marketing (m)	markedsføring (m/f)	['markəds‚føriŋ]
marché (m)	marked (n)	['markəd]
segment (m) du marché	markedssegment (n)	['markəds seg'mɛnt]
produit (m)	produkt (n)	[prʉ'dʉkt]
marchandise (f)	vare (m/f)	['varə]
marque (f) de fabrique	merkenavn (n)	['mærkə‚navn]
marque (f) déposée	varemerke (n)	['varə‚mærkə]
logotype (m)	firmamerke (n)	['firma‚mærkə]
logo (m)	logo (m)	['lugʉ]
demande (f)	etterspørsel (m)	['ɛtə‚spœṣəl]
offre (f)	tilbud (n)	['til‚bʉd]
besoin (m)	behov (n)	[be'hʉv]
consommateur (m)	forbruker (m)	[fɔr'brʉkər]
analyse (f)	analyse (m)	[ana'lysə]
analyser (vt)	å analysere	[ɔ analy'serə]
positionnement (m)	posisjonering (m/f)	[pʉsiṣʉ'neriŋ]
positionner (vt)	å posisjonere	[ɔ pʉsiṣʉ'nerə]
prix (m)	pris (m)	['pris]
politique (f) des prix	prispolitikk (m)	['pris pʉli'tik]
formation (f) des prix	prisdannelse (m)	['pris‚danəlsə]

77. La publicité

publicité (f), pub (f)	reklame (m)	[rɛˈklamə]
faire de la publicité	å reklamere	[ɔ rɛklaˈmerə]
budget (m)	budsjett (n)	[bʉdˈsɛt]
annonce (f), pub (f)	annonse (m)	[aˈnɔnsə]
publicité (f) à la télévision	TV-reklame (m)	[ˈtɛvɛ rɛˈklamə]
publicité (f) à la radio	radioreklame (m)	[ˈradiʉ rɛˈklamə]
publicité (f) extérieure	utendørsreklame (m)	[ˈʉtənˌdœʂ rɛˈklamə]
mass média (m pl)	massemedier (n pl)	[ˈmasəˌmediər]
périodique (m)	tidsskrift (n)	[ˈtidˌskrift]
image (f)	image (m)	[ˈimidʒ]
slogan (m)	slogan (n)	[ˈslɔgan]
devise (f)	motto (n)	[ˈmɔtʉ]
campagne (f)	kampanje (m)	[kamˈpanjə]
campagne (f) publicitaire	reklamekampanje (m)	[rɛˈklamə kamˈpanjə]
public (m) cible	målgruppe (m/f)	[ˈmɔːlˌgrʉpə]
carte (f) de visite	visittkort (n)	[viˈsitˌkɔːt]
prospectus (m)	reklameblad (n)	[rɛˈklaməˌbla]
brochure (f)	brosjyre (m)	[brɔˈʂyrə]
dépliant (m)	folder (m)	[ˈfɔlər]
bulletin (m)	nyhetsbrev (n)	[ˈnyhetsˌbrev]
enseigne (f)	skilt (n)	[ˈʂilt]
poster (m)	plakat, poster (m)	[ˈplaˌkat], [ˈpɔstər]
panneau-réclame (m)	reklameskilt (m/f)	[rɛˈklaməˌʂilt]

78. Les opérations bancaires

banque (f)	bank (m)	[ˈbank]
agence (f) bancaire	avdeling (m)	[ˈavˌdeliŋ]
conseiller (m)	konsulent (m)	[kʉnsʉˈlent]
gérant (m)	forstander (m)	[fɔˈʂtandər]
compte (m)	bankkonto (m)	[ˈbankˌkɔntʉ]
numéro (m) du compte	kontonummer (n)	[ˈkɔntʉˌnʉmər]
compte (m) courant	sjekkonto (m)	[ˈʂɛkˌkɔntʉ]
compte (m) sur livret	sparekonto (m)	[ˈsparəˌkɔntʉ]
ouvrir un compte	å åpne en konto	[ɔ ˈɔpnə en ˈkɔntʉ]
clôturer le compte	å lukke kontoen	[ɔ ˈlʉkə ˈkɔntʉən]
verser dans le compte	å sette inn på kontoen	[ɔ ˈsɛtə in pɔ ˈkɔntʉən]
retirer du compte	å ta ut fra kontoen	[ɔ ˈta ʉt fra ˈkɔntʉən]
dépôt (m)	innskudd (n)	[ˈinˌskʉd]
faire un dépôt	å sette inn	[ɔ ˈsɛtə in]
virement (m) bancaire	overføring (m/f)	[ˈɔvərˌføriŋ]

faire un transfert	å overføre	[ɔ 'ɔvərˌførə]
somme (f)	sum (m)	['sʉm]
Combien?	Hvor mye?	[vʊr 'mye]
signature (f)	underskrift (m/f)	['ʉnəˌskrift]
signer (vt)	å underskrive	[ɔ 'ʉnəˌskrivə]
carte (f) de crédit	kredittkort (n)	[krɛ'ditˌkɔːʈ]
code (m)	kode (m)	['kʊdə]
numéro (m) de carte de crédit	kreditkortnummer (n)	[krɛ'ditˌkɔːʈ 'nʉmər]
distributeur (m)	minibank (m)	['miniˌbank]
chèque (m)	sjekk (m)	['ʂɛk]
faire un chèque	å skrive en sjekk	[ɔ 'skrivə en 'ʂɛk]
chéquier (m)	sjekkbok (m/f)	['ʂɛkˌbʊk]
crédit (m)	lån (n)	['lɔn]
demander un crédit	å søke om lån	[ɔ ˌsøkə ɔm 'lɔn]
prendre un crédit	å få lån	[ɔ 'fɔ 'lɔn]
accorder un crédit	å gi lån	[ɔ 'ji 'lɔn]
gage (m)	garanti (m)	[garan'ti]

79. Le téléphone. La conversation téléphonique

téléphone (m)	telefon (m)	[tele'fʊn]
portable (m)	mobiltelefon (m)	[mʊ'bil tele'fʊn]
répondeur (m)	telefonsvarer (m)	[tele'fʊnˌsvarər]
téléphoner, appeler	å ringe	[ɔ 'riŋə]
appel (m)	telefonsamtale (m)	[tele'fʊn 'samˌtalə]
composer le numéro	å slå et nummer	[ɔ 'ʂlɔ et 'nʉmər]
Allô!	Hallo!	[ha'lʊ]
demander (~ l'heure)	å spørre	[ɔ 'spørə]
répondre (vi, vt)	å svare	[ɔ 'svarə]
entendre (bruit, etc.)	å høre	[ɔ 'hørə]
bien (adv)	godt	['gɔt]
mal (adv)	dårlig	['dɔːʈi]
bruits (m pl)	støy (m)	['støj]
récepteur (m)	telefonrør (n)	[tele'fʊnˌrør]
décrocher (vt)	å ta telefonen	[ɔ 'ta tele'fʊnən]
raccrocher (vi)	å legge på røret	[ɔ 'legə pɔ 'rørə]
occupé (adj)	opptatt	['ɔpˌtat]
sonner (vi)	å ringe	[ɔ 'riŋə]
carnet (m) de téléphone	telefonkatalog (m)	[tele'fʊn kata'lɔg]
local (adj)	lokal-	[lɔ'kal-]
appel (m) local	lokalsamtale (m)	[lɔ'kal 'samˌtalə]
interurbain (adj)	riks-	['riks-]
appel (m) interurbain	rikssamtale (m)	['riks 'samˌtalə]
international (adj)	internasjonal	['intɛːnaʂʊˌnal]
appel (m) international	internasjonal samtale (m)	['intɛːnaʂʊˌnal 'samˌtalə]

80. Le téléphone portable

portable (m)	mobiltelefon (m)	[mʉ'bil tele'fʊn]
écran (m)	skjerm (m)	['ʂærm]
bouton (m)	knapp (m)	['knɑp]
carte SIM (f)	SIM-kort (n)	['sim‚kɔːt]
pile (f)	batteri (n)	[batɛ'ri]
être déchargé	å bli utladet	[ɔ 'bli 'ʉt‚lɑdət]
chargeur (m)	lader (m)	['lɑdər]
menu (m)	meny (m)	[me'ny]
réglages (m pl)	innstillinger (m/f pl)	['in‚stiliŋər]
mélodie (f)	melodi (m)	[melɔ'di]
sélectionner (vt)	å velge	[ɔ 'vɛlgə]
calculatrice (f)	regnemaskin (m)	['rɛjnə mɑ‚ʂin]
répondeur (m)	telefonsvarer (m)	[tele'fʊn‚svɑrər]
réveil (m)	vekkerklokka (m/f)	['vɛkər‚klɔkɑ]
contacts (m pl)	kontakter (m pl)	[kʊn'tɑktər]
SMS (m)	SMS-beskjed (m)	[ɛsɛm'ɛs bɛ‚ʂɛ]
abonné (m)	abonnent (m)	[abɔ'nɛnt]

81. La papeterie

stylo (m) à bille	kulepenn (m)	['kʉːlə‚pɛn]
stylo (m) à plume	fyllepenn (m)	['fylə‚pɛn]
crayon (m)	blyant (m)	['bly‚ɑnt]
marqueur (m)	merkepenn (m)	['mærkə‚pɛn]
feutre (m)	tusjpenn (m)	['tʉʂ‚pɛn]
bloc-notes (m)	notatbok (m/f)	[nʊ'tɑt‚bʊk]
agenda (m)	dagbok (m/f)	['dɑg‚bʊk]
règle (f)	linjal (m)	[li'njɑl]
calculatrice (f)	regnemaskin (m)	['rɛjnə mɑ‚ʂin]
gomme (f)	viskelær (n)	['viskə‚lær]
punaise (f)	tegnestift (m)	['tæjnə‚stift]
trombone (m)	binders (m)	['bindɛʂ]
colle (f)	lim (n)	['lim]
agrafeuse (f)	stiftemaskin (m)	['stiftə mɑ‚ʂin]
perforateur (m)	hullemaskin (m)	['hʉlə mɑ‚ʂin]
taille-crayon (m)	blyantspisser (m)	['blyɑnt‚spisər]

82. Les types d'activités économiques

services (m pl) comptables	bokføringstjenester (m pl)	['bʊk‚føriŋs 'tjenɛstər]
publicité (f), pub (f)	reklame (m)	[rɛ'klɑmə]

agence (f) publicitaire	reklamebyrå (n)	[rɛ'klamə by‚ro]
climatisation (m)	klimaanlegg (n pl)	['klima'an‚leg]
compagnie (f) aérienne	flyselskap (n)	['flysəl‚skap]
boissons (f pl) alcoolisées	alkoholholdige drikke (m pl)	[alkʉ'hʉl‚holdiə 'drikə]
antiquités (f pl)	antikviteter (m pl)	[antikvi'tetər]
galerie (f) d'art	kunstgalleri (n)	['kʉnst galə'ri]
services (m pl) d'audition	revisjonstjenester (m pl)	[revi'ʂʉns‚tjenɛstər]
banques (f pl)	bankvirksomhet (m/f)	['bank‚virksɔmhet]
bar (m)	bar (m)	['bar]
salon (m) de beauté	skjønnhetssalong (m)	['ʂønhɛts sa'lɔŋ]
librairie (f)	bokhandel (m)	['bʉk‚handəl]
brasserie (f) (fabrique)	bryggeri (n)	[brʏgə'ri]
centre (m) d'affaires	forretningssenter (n)	[fɔ'rɛtniŋs‚sɛntər]
école (f) de commerce	handelsskole (m)	['handəls‚skʉlə]
casino (m)	kasino (n)	[ka'sinʉ]
bâtiment (m)	byggeri (m/f)	[bʏgə'ri]
conseil (m)	konsulenttjenester (m pl)	[kʉnsu'lent ‚tjenɛstər]
dentistes (pl)	tannklinik (m)	['tankli'nik]
design (m)	design (m)	['desajn]
pharmacie (f)	apotek (n)	[apʉ'tek]
pressing (m)	renseri (n)	[rɛnse'ri]
agence (f) de recrutement	rekrutteringsbyrå (n)	['rekrʉ‚teriŋs by‚ro]
service (m) financier	finansielle tjenester (m pl)	[finan'sielə ‚tjenɛstər]
produits (m pl) alimentaires	matvarer (m/f pl)	['mat‚varər]
maison (f) funéraire	begravelsesbyrå (n)	[be'gravəlsəs by‚ro]
meubles (m pl)	møbler (n pl)	['møblər]
vêtement (m)	klær (n)	['klær]
hôtel (m)	hotell (n)	[hʉ'tɛl]
glace (f)	iskrem (m)	['iskrɛm]
industrie (f)	industri (m)	[indʉ'stri]
assurance (f)	forsikring (m/f)	[fɔ'ʂikriŋ]
Internet (m)	Internett	['intə‚nɛt]
investissements (m pl)	investering (m/f)	[inve'steriŋ]
bijoutier (m)	juveler (m)	[jʉ'velər]
bijouterie (f)	smykker (n pl)	['smʏkər]
blanchisserie (f)	vaskeri (n)	[vaske'ri]
service (m) juridique	juridisk rådgiver (m pl)	[jʉ'ridisk 'rɔdjivər]
industrie (f) légère	lettindustri (m)	['let‚indʉ'stri]
revue (f)	magasin, tidsskrift (n)	[maga'sin], ['tid‚skrift]
vente (f) par catalogue	postordresalg (m)	['pɔst‚ɔrdrə'salg]
médecine (f)	medisin (m)	[medi'sin]
cinéma (m)	kino (n)	['çinʉ]
musée (m)	museum (n)	[mʉ'seum]
agence (f) d'information	nyhetsbyrå (n)	['nyhets by‚ro]
journal (m)	avis (m/f)	[a'vis]
boîte (f) de nuit	nattklubb (m)	['nat‚klʉb]
pétrole (m)	olje (m)	['ɔljə]

coursiers (m pl)	budtjeneste (m)	[bʉd'tjenɛstə]
industrie (f) pharmaceutique	legemidler (pl)	['legə'midlər]
imprimerie (f)	trykkeri (n)	[trʏkə'ri]
maison (f) d'édition	forlag (n)	['fɔ:lɑg]
radio (f)	radio (m)	['rɑdiʉ]
immobilier (m)	fast eiendom (m)	[ˌfɑst 'æjənˌdɔm]
restaurant (m)	restaurant (m)	[rɛstʉ'rɑŋ]
agence (f) de sécurité	sikkerhetsselskap (n)	['sikərhɛts 'selˌskɑp]
sport (m)	sport, idrett (m)	['spɔ:t], ['idrɛt]
bourse (f)	børs (m)	['bœʂ]
magasin (m)	forretning, butikk (m)	[fɔ'rɛtniŋ], [bʉ'tik]
supermarché (m)	supermarked (n)	['sʉpəˌmɑrket]
piscine (f)	svømmebasseng (n)	['svœməˌbɑ'sɛŋ]
atelier (m) de couture	skredderi (n)	[skrɛde'ri]
télévision (f)	televisjon (m)	[ˌtelevi'sʉn]
théâtre (m)	teater (n)	[te'ɑtər]
commerce (m)	handel (m)	['hɑndəl]
sociétés de transport	transport (m)	[trɑns'pɔ:t]
tourisme (m)	turisme (m)	[tʉ'rismə]
vétérinaire (m)	dyrlege, veterinær (m)	['dyrˌlegə], [veteri'nær]
entrepôt (m)	lager (n)	['lɑgər]
récupération (f) des déchets	avfallstømming (m/f)	['ɑvfɑlsˌtømiŋ]

Le travail. Les affaires. Partie 2

83. Les foires et les salons

salon (m)	messe (m/f)	['mɛsə]
salon (m) commercial	varemesse (m/f)	['varə‚mɛsə]

participation (f)	deltagelse (m)	['del‚tagəlsə]
participer à …	å delta	[ɔ 'dɛlta]
participant (m)	deltaker (m)	['del‚takər]

directeur (m)	direktør (m)	[dirɛk'tør]
direction (f)	arrangørkontor (m)	[araŋ'ṣør kʉn'tʉr]
organisateur (m)	arrangør (m)	[araŋ'ṣør]
organiser (vt)	å organisere	[ɔ ɔrgani'seːrə]

demande (f) de participation	påmeldingsskjema (n)	['pɔmeliŋs‚ṣema]
remplir (vt)	å utfylle	[ɔ 'ʉt‚fvlə]
détails (m pl)	detaljer (m pl)	[de'taljər]
information (f)	informasjon (m)	[infɔrma'ṣʉn]

prix (m)	pris (m)	['pris]
y compris	inklusive	['inklʉ‚sivə]
inclure (~ les taxes)	å inkludere	[ɔ inklʉ'derə]
payer (régler)	å betale	[ɔ be'talə]
droits (m pl) d'inscription	registreringsavgift (m/f)	[rɛgi'strɛriŋs av'jift]

entrée (f)	inngang (m)	['in‚gaŋ]
pavillon (m)	paviljong (m)	[pavi'ljɔŋ]
enregistrer (vt)	å registrere	[ɔ regi'strerə]
badge (m)	badge (n)	['bædʒ]

stand (m)	messestand (m)	['mɛsə‚stan]
réserver (vt)	å reservere	[ɔ resɛr'verə]

vitrine (f)	glassmonter (m)	['glas‚mɔntər]
lampe (f)	lampe (m/f), spotlys (n)	['lampə], ['spɔt‚lys]
design (m)	design (m)	['desajn]
mettre (placer)	å plassere	[ɔ pla'serə]
être placé	å bli plasseret	[ɔ 'bli pla'serət]

distributeur (m)	distributør (m)	[distribʉ'tør]
fournisseur (m)	leverandør (m)	[levəran'dør]
fournir (vt)	å levere	[ɔ le'verə]
pays (m)	land (n)	['lan]
étranger (adj)	utenlandsk	['ʉtən‚lansk]
produit (m)	produkt (n)	[prʉ'dʉkt]

association (f)	forening (m/f)	[fɔ'reniŋ]
salle (f) de conférences	konferansesal (m)	[kʉnfə'ransə‚sal]

congrès (m)	kongress (m)	[kʊn'grɛs]
concours (m)	tevling (n)	['tɛvliŋ]
visiteur (m)	besøkende (m)	[be'søkenə]
visiter (vt)	å besøke	[ɔ be'søkə]
client (m)	kunde (m)	['kʉndə]

84. La recherche scientifique et les chercheurs

science (f)	vitenskap (m)	['vitənˌskɑp]
scientifique (adj)	vitenskapelig	['vitənˌskɑpəli]
savant (m)	vitenskapsmann (m)	['vitənˌskɑps mɑn]
théorie (f)	teori (m)	[teʉ'ri]
axiome (m)	aksiom (n)	[ɑksi'ɔm]
analyse (f)	analyse (m)	[ɑnɑ'lysə]
analyser (vt)	å analysere	[ɔ ɑnɑly'serə]
argument (m)	argument (n)	[ɑrgʉ'mɛnt]
substance (f) (matière)	stoff (n), substans (m)	['stɔf], [sʉb'stɑns]
hypothèse (f)	hypotese (m)	[hypʉ'tesə]
dilemme (m)	dilemma (n)	[di'lemɑ]
thèse (f)	avhandling (m/f)	['ɑvˌhɑndliŋ]
dogme (m)	dogme (n)	['dɔgmə]
doctrine (f)	doktrine (m)	[dɔk'trinə]
recherche (f)	forskning (m)	['fɔːʂkniŋ]
rechercher (vt)	å forske	[ɔ 'fɔːʂkə]
test (m)	test (m), prøve (m/f)	['tɛst], ['prøve]
laboratoire (m)	laboratorium (n)	[lɑbʉrɑ'tɔrium]
méthode (f)	metode (m)	[me'tɔdə]
molécule (f)	molekyl (n)	[mʉle'kyl]
monitoring (m)	overvåking (m/f)	['ɔvərˌvɔkiŋ]
découverte (f)	oppdagelse (m)	['ɔpˌdɑgəlsə]
postulat (m)	postulat (n)	[pɔstʉ'lɑt]
principe (m)	prinsipp (n)	[prin'sip]
prévision (f)	prognose (m)	[prʊg'nʉsə]
prévoir (vt)	å prognostisere	[ɔ prʊgnʊsti'serə]
synthèse (f)	syntese (m)	[syn'tesə]
tendance (f)	tendens (m)	[tɛn'dɛns]
théorème (m)	teorem (n)	[teʉ'rɛm]
enseignements (m pl)	lære (m/f pl)	['lærə]
fait (m)	faktum (n)	['fɑktum]
expédition (f)	ekspedisjon (m)	[ɛkspedi'ʂʊn]
expérience (f)	eksperiment (n)	[ɛksperi'mɛnt]
académicien (m)	akademiker (m)	[ɑkɑ'demikər]
bachelier (m)	bachelor (m)	['bɑtʂɛlɔr]
docteur (m)	doktor (m)	['dɔktʊr]
chargé (m) de cours	dosent (m)	[dʊ'sɛnt]

| magistère (m) | **magister** (m) | [mɑˈgistər] |
| professeur (m) | **professor** (m) | [prʊˈfɛsʊr] |

Les professions. Les métiers

85. La recherche d'emploi. Le licenciement

travail (m)	arbeid (n), jobb (m)	['arbæj], ['job]
employés (pl)	ansatte (pl)	['an̩sɑtə]
personnel (m)	personale (n)	[pæʂuˈnɑlə]
carrière (f)	karriere (m)	[kɑriˈɛrə]
perspective (f)	utsikter (m pl)	['ʉt̩siktər]
maîtrise (f)	mesterskap (n)	['mɛstæ̩skɑp]
sélection (f)	utvelgelse (m)	['ʉt̩vɛlgəlsə]
agence (f) de recrutement	rekrutteringsbyrå (n)	['rekrʉˌteriŋgs by̩ro]
C.V. (m)	CV (m/n)	['sɛvɛ]
entretien (m)	jobbintervju (n)	['job ˌintərˈvjʉ]
emploi (m) vacant	vakanse (m)	['vɑkɑnsə]
salaire (m)	lønn (m/f)	['lœn]
salaire (m) fixe	fastlønn (m/f)	['fɑst̩lœn]
rémunération (f)	betaling (m/f)	[beˈtɑliŋ]
poste (m) (~ évolutif)	stilling (m/f)	['stiliŋ]
fonction (f)	plikt (m/f)	['plikt]
liste (f) des fonctions	arbeidsplikter (m/f pl)	['ɑrbæjdsˌpliktər]
occupé (adj)	opptatt	['ɔpˌtɑt]
licencier (vt)	å avskjedige	[ɔ 'ɑfˌʂedigə]
licenciement (m)	avskjedigelse (m)	['ɑfʂeˌdigəlsə]
chômage (m)	arbeidsløshet (m)	['ɑrbæjdsløsˌhet]
chômeur (m)	arbeidsløs (m)	['ɑrbæjdsˌløs]
retraite (f)	pensjon (m)	[pɑnˈʂun]
prendre sa retraite	å gå av med pensjon	[ɔ 'gɔ ɑ: me pɑnˈʂun]

86. Les hommes d'affaires

directeur (m)	direktør (m)	[dirɛkˈtør]
gérant (m)	forstander (m)	[fɔˈʂtɑndər]
patron (m)	boss (m)	['bɔs]
supérieur (m)	overordnet (m)	['ɔvərˌɔrdnet]
supérieurs (m pl)	overordnede (pl)	['ɔvərˌɔrdnedə]
président (m)	president (m)	[prɛsiˈdɛnt]
président (m) (d'entreprise)	styreformann (m)	['styrəˌfɔrmɑn]
adjoint (m)	stedfortreder (m)	['stedfɔːˌtredər]
assistant (m)	assistent (m)	[ɑsiˈstɛnt]

secrétaire (m, f)	sekretær (m)	[sɛkrə'tær]
secrétaire (m, f) personnel	privatsekretær (m)	[pri'vat sɛkrə'tær]
homme (m) d'affaires	forretningsmann (m)	[fɔ'rɛtniŋsˌman]
entrepreneur (m)	entreprenør (m)	[ɛntreprə'nør]
fondateur (m)	grunnlegger (m)	['grʉnˌlegər]
fonder (vt)	å grunnlegge, å stifte	[ɔ 'grʉnˌlegə], [ɔ 'stiftə]
fondateur (m)	stifter (m)	['stiftər]
partenaire (m)	partner (m)	['paːtnər]
actionnaire (m)	aksjonær (m)	[akʂʉ'nær]
millionnaire (m)	millionær (m)	[milju'nær]
milliardaire (m)	milliardær (m)	[miljaː'dær]
propriétaire (m)	eier (m)	['æjər]
propriétaire (m) foncier	jordeier (m)	['juːrˌæjər]
client (m)	kunde (m)	['kʉndə]
client (m) régulier	fast kunde (m)	[ˌfast 'kʉndə]
acheteur (m)	kjøper (m)	['çœːpər]
visiteur (m)	besøkende (m)	[be'søkenə]
professionnel (m)	yrkesmann (m)	['yrkəsˌman]
expert (m)	ekspert (m)	[ɛks'pæːt]
spécialiste (m)	spesialist (m)	[spesia'list]
banquier (m)	bankier (m)	[baŋki'e]
courtier (m)	mekler, megler (m)	['mɛklər]
caissier (m)	kasserer (m)	[ka'serər]
comptable (m)	regnskapsfører (m)	['rɛjnskapsˌførər]
agent (m) de sécurité	sikkerhetsvakt (m/f)	['sikərhɛtsˌvakt]
investisseur (m)	investor (m)	[in'vɛstʉr]
débiteur (m)	skyldner (m)	['ʂylnər]
créancier (m)	kreditor (m)	['krɛditʉr]
emprunteur (m)	låntaker (m)	['lɔnˌtakər]
importateur (m)	importør (m)	[impɔː'tør]
exportateur (m)	eksportør (m)	[ɛkspɔː'tør]
producteur (m)	produsent (m)	[prʉdʉ'sɛnt]
distributeur (m)	distributør (m)	[distribʉ'tør]
intermédiaire (m)	mellommann (m)	['mɛlɔˌman]
conseiller (m)	konsulent (m)	[kʉnsʉ'lent]
représentant (m)	representant (m)	[represɛn'tant]
agent (m)	agent (m)	[a'gɛnt]
agent (m) d'assurances	forsikringsagent (m)	[fɔ'ʂikriŋs a'gɛnt]

87. Les métiers des services

cuisinier (m)	kokk (m)	['kʉk]
cuisinier (m) en chef	sjefkokk (m)	['ʂɛfˌkʉk]

boulanger (m)	baker (m)	['bakər]
barman (m)	bartender (m)	['ba:ˌtɛndər]
serveur (m)	servitør (m)	['særvi'tør]
serveuse (f)	servitrise (m/f)	[særvi'trisə]

avocat (m)	advokat (m)	[advʊ'kat]
juriste (m)	jurist (m)	[jʉ'rist]
notaire (m)	notar (m)	[nʊ'tar]

électricien (m)	elektriker (m)	[ɛ'lektrikər]
plombier (m)	rørlegger (m)	['rørˌlegər]
charpentier (m)	tømmermann (m)	['tœmərˌman]

masseur (m)	massør (m)	[ma'sør]
masseuse (f)	massøse (m)	[ma'søsə]
médecin (m)	lege (m)	['legə]

chauffeur (m) de taxi	taxisjåfør (m)	['taksi ʂɔ'før]
chauffeur (m)	sjåfør (m)	[ʂɔ'før]
livreur (m)	bud (n)	['bʉd]

femme (f) de chambre	stuepike (m/f)	['stʉəˌpikə]
agent (m) de sécurité	sikkerhetsvakt (m/f)	['sikərhɛtsˌvakt]
hôtesse (f) de l'air	flyvertinne (m/f)	[flyvɛ:'t̪inə]

professeur (m)	lærer (m)	['lærər]
bibliothécaire (m)	bibliotekar (m)	[bibliʊ'tekar]
traducteur (m)	oversetter (m)	['ɔvəˌsɛtər]
interprète (m)	tolk (m)	['tɔlk]
guide (m)	guide (m)	['gajd]

coiffeur (m)	frisør (m)	[fri'sør]
facteur (m)	postbud (n)	['pɔstˌbʉd]
vendeur (m)	forselger (m)	[fɔ'ʂɛlər]

jardinier (m)	gartner (m)	['ga:tnər]
serviteur (m)	tjener (m)	['tjenər]
servante (f)	tjenestepike (m/f)	['tjenɛstəˌpikə]
femme (f) de ménage	vaskedame (m/f)	['vaskəˌdamə]

88. Les professions militaires et leurs grades

soldat (m) (grade)	menig (m)	['meni]
sergent (m)	sersjant (m)	[sær'ʂant]
lieutenant (m)	løytnant (m)	['løjtˌnant]
capitaine (m)	kaptein (m)	[kap'tæjn]

commandant (m)	major (m)	[ma'jɔr]
colonel (m)	oberst (m)	['ʊbɛʂt]
général (m)	general (m)	[gene'ral]
maréchal (m)	marskalk (m)	['marʂal]
amiral (m)	admiral (m)	[admi'ral]
militaire (m)	militær (m)	[mili'tær]
soldat (m)	soldat (m)	[sʊl'dat]

| officier (m) | offiser (m) | [ɔfi'sɛr] |
| commandant (m) | befalshaver (m) | [be'fɑls,hɑvər] |

garde-frontière (m)	grensevakt (m/f)	['grɛnsə,vɑkt]
opérateur (m) radio	radiooperatør (m)	['rɑdiʉ ʉpərɑ'tør]
éclaireur (m)	oppklaringssoldat (m)	['ɔp,klɑriŋ sʉl'dɑt]
démineur (m)	pioner (m)	[piʉ'ner]
tireur (m)	skytter (m)	['ʂytər]
navigateur (m)	styrmann (m)	['styr,mɑn]

89. Les fonctionnaires. Les prêtres

| roi (m) | konge (m) | ['kʊŋə] |
| reine (f) | dronning (m/f) | ['drɔniŋ] |

| prince (m) | prins (m) | ['prins] |
| princesse (f) | prinsesse (m/f) | [prin'sɛsə] |

| tsar (m) | tsar (m) | ['tsɑr] |
| tsarine (f) | tsarina (m) | [tsɑ'rinɑ] |

président (m)	president (m)	[prɛsi'dɛnt]
ministre (m)	minister (m)	[mi'nistər]
premier ministre (m)	statsminister (m)	['stɑts mi'nistər]
sénateur (m)	senator (m)	[se'nɑtʊr]

diplomate (m)	diplomat (m)	[diplʉ'mɑt]
consul (m)	konsul (m)	['kʊn,sʉl]
ambassadeur (m)	ambassadør (m)	[ɑmbɑsɑ'dør]
conseiller (m)	rådgiver (m)	['rɔdˌjivər]

fonctionnaire (m)	embetsmann (m)	['ɛmbets,mɑn]
préfet (m)	prefekt (m)	[prɛ'fɛkt]
maire (m)	borgermester (m)	[bɔrgər'mɛstər]

| juge (m) | dommer (m) | ['dɔmər] |
| procureur (m) | anklager (m) | ['ɑn,klɑgər] |

missionnaire (m)	misjonær (m)	[miʂʉ'nær]
moine (m)	munk (m)	['mʉnk]
abbé (m)	abbed (m)	['ɑbed]
rabbin (m)	rabbiner (m)	[rɑ'binər]

vizir (m)	vesir (m)	[vɛ'sir]
shah (m)	sjah (m)	['ʂɑ]
cheik (m)	sjeik (m)	['ʂæjk]

90. Les professions agricoles

apiculteur (m)	birøkter (m)	['bi,røktər]
berger (m)	gjeter, hyrde (m)	['jetər], ['hyrdə]
agronome (m)	agronom (m)	[ɑgrʉ'nʉm]

| éleveur (m) | husdyrholder (m) | ['hʉsdyrˌhɔldər] |
| vétérinaire (m) | dyrlege, veterinær (m) | ['dyrˌlegə], [vetəri'nær] |

fermier (m)	gårdbruker, bonde (m)	['gɔːrˌbrʉkər], ['bɔnə]
vinificateur (m)	vinmaker (m)	['vinˌmakər]
zoologiste (m)	zoolog (m)	[sʉː'lɔg]
cow-boy (m)	cowboy (m)	['kawˌbɔj]

91. Les professions artistiques

| acteur (m) | skuespiller (m) | ['skʉəˌspilər] |
| actrice (f) | skuespillerinne (m/f) | ['skʉəˌspilə'rinə] |

| chanteur (m) | sanger (m) | ['saŋər] |
| cantatrice (f) | sangerinne (m/f) | [saŋə'rinə] |

| danseur (m) | danser (m) | ['dansər] |
| danseuse (f) | danserinne (m/f) | [danse'rinə] |

| artiste (m) | skuespiller (m) | ['skʉəˌspilər] |
| artiste (f) | skuespillerinne (m/f) | ['skʉəˌspilə'rinə] |

musicien (m)	musiker (m)	['mʉsikər]
pianiste (m)	pianist (m)	[pia'nist]
guitariste (m)	gitarspiller (m)	[gi'tarˌspilər]

chef (m) d'orchestre	dirigent (m)	[diri'gɛnt]
compositeur (m)	komponist (m)	[kʊmpʉ'nist]
imprésario (m)	impresario (m)	[impre'sariʉ]

metteur (m) en scène	regissør (m)	[rɛṣi'sør]
producteur (m)	produsent (m)	[prʊdʉ'sɛnt]
scénariste (m)	manusforfatter (m)	['manʉs fɔr'fatər]
critique (m)	kritiker (m)	['kritikər]

écrivain (m)	forfatter (m)	[fɔr'fatər]
poète (m)	poet, dikter (m)	['pɔɛt], ['diktər]
sculpteur (m)	skulptør (m)	[skʉlp'tør]
peintre (m)	kunstner (m)	['kʉnstnər]

jongleur (m)	sjonglør (m)	[ṣɔŋ'lør]
clown (m)	klovn (m)	['klɔvn]
acrobate (m)	akrobat (m)	[akrʊ'bat]
magicien (m)	tryllekunstner (m)	['trʏləˌkʉnstnər]

92. Les différents métiers

médecin (m)	lege (m)	['legə]
infirmière (f)	sykepleierske (m/f)	['sykəˌplæjeṣkə]
psychiatre (m)	psykiater (m)	[syki'atər]
stomatologue (m)	tannlege (m)	['tanˌlegə]
chirurgien (m)	kirurg (m)	[çi'rʉrg]

astronaute (m)	astronaut (m)	[astrʊ'naʊt]
astronome (m)	astronom (m)	[astrʊ'nʊm]

chauffeur (m)	fører (m)	['førər]
conducteur (m) de train	lokfører (m)	['lʊk‚førər]
mécanicien (m)	mekaniker (m)	[me'kanikər]

mineur (m)	gruvearbeider (m)	['grʉve'ar‚bæjdər]
ouvrier (m)	arbeider (m)	['ar‚bæjdər]
serrurier (m)	låsesmed (m)	['loːsə‚sme]
menuisier (m)	snekker (m)	['snɛkər]
tourneur (m)	dreier (m)	['dræjər]
ouvrier (m) du bâtiment	bygningsarbeider (m)	['bygniŋs 'ar‚bæjər]
soudeur (m)	sveiser (m)	['svæjsər]

professeur (m) (titre)	professor (m)	[prʊ'fɛsʊr]
architecte (m)	arkitekt (m)	[arki'tɛkt]
historien (m)	historiker (m)	[hi'stʊrikər]
savant (m)	vitenskapsmann (m)	['vitən‚skaps man]
physicien (m)	fysiker (m)	['fysikər]
chimiste (m)	kjemiker (m)	['çemikər]

archéologue (m)	arkeolog (m)	[‚arkeʊ'lɔg]
géologue (m)	geolog (m)	[geʊ'lɔg]
chercheur (m)	forsker (m)	['fɔʂkər]

baby-sitter (m, f)	babysitter (m)	['bɛby‚sitər]
pédagogue (m, f)	lærer, pedagog (m)	[lærər], [peda'gɔg]

rédacteur (m)	redaktør (m)	[rɛdak'tør]
rédacteur (m) en chef	sjefredaktør (m)	['ʂɛf rɛdak'tør]
correspondant (m)	korrespondent (m)	[kʊrespɔn'dɛnt]
dactylographe (f)	maskinskriverske (m)	[ma'ʂin ‚skrivɛʂkə]

designer (m)	designer (m)	[de'sajnər]
informaticien (m)	dataekspert (m)	['data ɛks'pɛːt]
programmeur (m)	programmerer (m)	[prʊgra'merər]
ingénieur (m)	ingeniør (m)	[inʂə'njør]

marin (m)	sjømann (m)	['ʂø‚man]
matelot (m)	matros (m)	[ma'trʊs]
secouriste (m)	redningsmann (m)	['rɛdniŋs‚man]

pompier (m)	brannmann (m)	['bran‚man]
policier (m)	politi (m)	[pʊli'ti]
veilleur (m) de nuit	nattvakt (m)	['nat‚vakt]
détective (m)	detektiv (m)	[detɛk'tiv]

douanier (m)	tollbetjent (m)	['tɔlbe‚tjɛnt]
garde (m) du corps	livvakt (m/f)	['liv‚vakt]
gardien (m) de prison	fangevokter (m)	['faŋə‚vɔktər]
inspecteur (m)	inspektør (m)	[inspɛk'tør]

sportif (m)	idrettsmann (m)	['idrɛts‚man]
entraîneur (m)	trener (m)	['trenər]
boucher (m)	slakter (m)	['ʂlaktər]

cordonnier (m)	skomaker (m)	['skuˌmakər]
commerçant (m)	handelsmann (m)	['handəlsˌman]
chargeur (m)	lastearbeider (m)	['lastə'arˌbæjdər]
couturier (m)	moteskaper (m)	['mʉtəˌskapər]
modèle (f)	modell (m)	[mʉ'dɛl]

93. Les occupations. Le statut social

écolier (m)	skolegutt (m)	['skʉləˌgʉt]
étudiant (m)	student (m)	[stʉ'dɛnt]
philosophe (m)	filosof (m)	[filu'sʊf]
économiste (m)	økonom (m)	[økʉ'nʊm]
inventeur (m)	oppfinner (m)	['ɔpˌfinər]
chômeur (m)	arbeidsløs (m)	['arbæjdsˌløs]
retraité (m)	pensjonist (m)	[panʂʉ'nist]
espion (m)	spion (m)	[spi'un]
prisonnier (m)	fange (m)	['faŋə]
gréviste (m)	streiker (m)	['stræjkər]
bureaucrate (m)	byråkrat (m)	[byrɔ'krat]
voyageur (m)	reisende (m)	['ræjsenə]
homosexuel (m)	homofil (m)	['hʊmʊˌfil]
hacker (m)	hacker (m)	['hakər]
hippie (m, f)	hippie (m)	['hipi]
bandit (m)	banditt (m)	[ban'dit]
tueur (m) à gages	leiemorder (m)	['læjəˌmʊrdər]
drogué (m)	narkoman (m)	[narkʉ'man]
trafiquant (m) de drogue	narkolanger (m)	['narkɔˌlaŋər]
prostituée (f)	prostituert (m)	[prʊstitʉ'eːt]
souteneur (m)	hallik (m)	['halik]
sorcier (m)	trollmann (m)	['trɔlˌman]
sorcière (f)	trollkjerring (m/f)	['trɔlˌçæriŋ]
pirate (m)	pirat, sjørøver (m)	['pi'rat], ['ʂøˌrøver]
esclave (m)	slave (m)	['slavə]
samouraï (m)	samurai (m)	[samʉ'raj]
sauvage (m)	villmann (m)	['vilˌman]

L'éducation

94. L'éducation

école (f)	skole (m/f)	['skʉlə]
directeur (m) d'école	rektor (m)	['rektʉr]
élève (m)	elev (m)	[e'lev]
élève (f)	elev (m)	[e'lev]
écolier (m)	skolegutt (m)	['skʉlə‚gʉt]
écolière (f)	skolepike (m)	['skʉlə‚pikə]
enseigner (vt)	å undervise	[ɔ 'ʉnər‚visə]
apprendre (~ l'arabe)	å lære	[ɔ 'lærə]
apprendre par cœur	å lære utenat	[ɔ 'lærə 'ʉtənat]
apprendre (à faire qch)	å lære	[ɔ 'lærə]
être étudiant, -e	å gå på skolen	[ɔ 'gɔ pɔ 'skʉlən]
aller à l'école	å gå på skolen	[ɔ 'gɔ pɔ 'skʉlən]
alphabet (m)	alfabet (n)	[alfɑ'bet]
matière (f)	fag (n)	['fag]
salle (f) de classe	klasserom (m/f)	['klasə‚rʉm]
leçon (f)	time (m)	['timə]
récréation (f)	frikvarter (n)	['frikvɑː‚tər]
sonnerie (f)	skoleklokke (m/f)	['skʉlə‚klɔkə]
pupitre (m)	skolepult (m)	['skʉlə‚pʉlt]
tableau (m) noir	tavle (m/f)	['tavlə]
note (f)	karakter (m)	[karak'ter]
bonne note (f)	god karakter (m)	['gʉ karak'ter]
mauvaise note (f)	dårlig karakter (m)	['doːli karak'ter]
donner une note	å gi en karakter	[ɔ 'ji en karak'ter]
faute (f)	feil (m)	['fæjl]
faire des fautes	å gjøre feil	[ɔ 'jørə ‚fæjl]
corriger (une erreur)	å rette	[ɔ 'rɛtə]
antisèche (f)	fuskelapp (m)	['fʉskə‚lap]
devoir (m)	lekser (m/f pl)	['leksər]
exercice (m)	øvelse (m)	['øvəlsə]
être présent	å være til stede	[ɔ 'værə til 'stedə]
être absent	å være fraværende	[ɔ 'værə 'fra‚værənə]
manquer l'école	å skulke skolen	[ɔ 'skʉlkə 'skʉlən]
punir (vt)	å straffe	[ɔ 'strafə]
punition (f)	straff, avstraffelse (m)	['straf], ['af‚strafəlsə]
conduite (f)	oppførsel (m)	['ɔp‚fœʂəl]

carnet (m) de notes	karakterbok (m/f)	[karak'ter‚buk]
crayon (m)	blyant (m)	['bly‚ant]
gomme (f)	viskelær (n)	['viskə‚lær]
craie (f)	kritt (n)	['krit]
plumier (m)	pennal (n)	[pɛ'nal]

cartable (m)	skoleveske (m/f)	['skʉlə‚vɛskə]
stylo (m)	penn (m)	['pɛn]
cahier (m)	skrivebok (m/f)	['skrivə‚buk]
manuel (m)	lærebok (m/f)	['lærə‚buk]
compas (m)	passer (m)	['pasər]

dessiner (~ un plan)	å tegne	[ɔ 'tæjnə]
dessin (m) technique	teknisk tegning (m/f)	['tɛknisk ‚tæjniŋ]

poésie (f)	dikt (n)	['dikt]
par cœur (adv)	utenat	['ʉtən‚at]
apprendre par cœur	å lære utenat	[ɔ 'lærə 'ʉtənat]

vacances (f pl)	skoleferie (m)	['skʉlə‚fɛriə]
être en vacances	å være på ferie	[ɔ 'værə pɔ 'fɛriə]
passer les vacances	å tilbringe ferien	[ɔ 'til‚briŋə 'fɛriən]

interrogation (f) écrite	prøve (m/f)	['prøvə]
composition (f)	essay (n)	[ɛ'sɛj]
dictée (f)	diktat (m)	[dik'tat]
examen (m)	eksamen (m)	[ɛk'samən]
passer les examens	å ta eksamen	[ɔ 'ta ɛk'samən]
expérience (f) (~ de chimie)	forsøk (n)	['fɔ'søk]

95. L'enseignement supérieur

académie (f)	akademi (n)	[akade'mi]
université (f)	universitet (n)	[ʉnivæʂi'tet]
faculté (f)	fakultet (n)	[fakʉl'tet]

étudiant (m)	student (m)	[stʉ'dɛnt]
étudiante (f)	kvinnelig student (m)	['kvinəli stʉ'dɛnt]
enseignant (m)	lærer, foreleser (m)	['lærər], ['fʉrə‚lesər]

salle (f)	auditorium (n)	[‚aʉdi'tʉrium]
licencié (m)	alumn (m)	[a'lʉmn]

diplôme (m)	diplom (n)	[di'plʉm]
thèse (f)	avhandling (m/f)	['av‚handliŋ]

étude (f)	studie (m)	['stʉdiə]
laboratoire (m)	laboratorium (n)	[labura'tɔrium]

cours (m)	forelesning (m)	['fɔrə‚lesniŋ]
camarade (m) de cours	studiekamerat (m)	['stʉdiə kamə‚rat]

bourse (f)	stipendium (n)	[sti'pɛndium]
grade (m) universitaire	akademisk grad (m)	[aka'demisk ‚grad]

96. Les disciplines scientifiques

mathématiques (f pl)	matematikk (m)	[matəma'tik]
algèbre (f)	algebra (m)	['algə‚bra]
géométrie (f)	geometri (m)	[geʉme'tri]
astronomie (f)	astronomi (m)	[astrʉnʉ'mi]
biologie (f)	biologi (m)	[biʉlʉ'gi]
géographie (f)	geografi (m)	[geʉgra'fi]
géologie (f)	geologi (m)	[geʉlʉ'gi]
histoire (f)	historie (m/f)	[hi'stʉriə]
médecine (f)	medisin (m)	[medi'sin]
pédagogie (f)	pedagogikk (m)	[pedagʉ'gik]
droit (m)	rett (m)	['rɛt]
physique (f)	fysikk (m)	[fy'sik]
chimie (f)	kjemi (m)	[çe'mi]
philosophie (f)	filosofi (m)	[filʉsʉ'fi]
psychologie (f)	psykologi (m)	[sikʉlʉ'gi]

97. Le système d'écriture et l'orthographe

grammaire (f)	grammatikk (m)	[grama'tik]
vocabulaire (m)	ordforråd (n)	['uːrfʉ‚rɔd]
phonétique (f)	fonetikk (m)	[fʉne'tik]
nom (m)	substantiv (n)	['sʉbstan‚tiv]
adjectif (m)	adjektiv (n)	['adjɛk‚tiv]
verbe (m)	verb (n)	['værb]
adverbe (m)	adverb (n)	[ad'væːb]
pronom (m)	pronomen (n)	[prʉ'nʉmən]
interjection (f)	interjeksjon (m)	[interjɛk'ʂʉn]
préposition (f)	preposisjon (m)	[prɛpʉsi'ʂʉn]
racine (f)	rot (m/f)	['rʉt]
terminaison (f)	endelse (m)	['ɛnəlsə]
préfixe (m)	prefiks (n)	[prɛ'fiks]
syllabe (f)	stavelse (m)	['stavəlsə]
suffixe (m)	suffiks (n)	[sʉ'fiks]
accent (m) tonique	betoning (m), trykk (n)	['be'tɔniŋ], ['trʏk]
apostrophe (f)	apostrof (m)	[apʉ'strɔf]
point (m)	punktum (n)	['pʉnktum]
virgule (f)	komma (n)	['kɔma]
point (m) virgule	semikolon (n)	[‚semikʉ'lɔn]
deux-points (m)	kolon (n)	['kʉlɔn]
points (m pl) de suspension	tre prikker (m pl)	['tre 'prikər]
point (m) d'interrogation	spørsmålstegn (n)	['spœşmols‚tæjn]
point (m) d'exclamation	utropstegn (n)	['ʉtrʉps‚tæjn]

guillemets (m pl)	anførselstegn (n pl)	[anˈfœʂɛlsˌtejn]
entre guillemets	i anførselstegn	[i anˈfœʂɛlsˌtejn]
parenthèses (f pl)	parentes (m)	[parɛnˈtes]
entre parenthèses	i parentes	[i parɛnˈtes]
trait (m) d'union	bindestrek (m)	[ˈbinəˌstrek]
tiret (m)	tankestrek (m)	[ˈtankəˌstrek]
blanc (m)	mellomrom (n)	[ˈmɛlɔmˌrʉm]
lettre (f)	bokstav (m)	[ˈbʊkstɑv]
majuscule (f)	stor bokstav (m)	[ˈstʊr ˈbʊkstɑv]
voyelle (f)	vokal (m)	[vʊˈkɑl]
consonne (f)	konsonant (m)	[kʊnsʊˈnɑnt]
proposition (f)	setning (m)	[ˈsɛtniŋ]
sujet (m)	subjekt (n)	[sʉbˈjɛkt]
prédicat (m)	predikat (n)	[prɛdiˈkɑt]
ligne (f)	linje (m)	[ˈlinjə]
à la ligne	på ny linje	[pɔ ny ˈlinjə]
paragraphe (m)	avsnitt (n)	[ˈɑfˌsnit]
mot (m)	ord (n)	[ˈuːr]
groupe (m) de mots	ordgruppe (m/f)	[ˈuːrˌgrʉpə]
expression (f)	uttrykk (n)	[ˈʉtˌtrʏk]
synonyme (m)	synonym (n)	[synʉˈnym]
antonyme (m)	antonym (n)	[antʉˈnym]
règle (f)	regel (m)	[ˈrɛgəl]
exception (f)	unntak (n)	[ˈʉnˌtɑk]
correct (adj)	riktig	[ˈrikti]
conjugaison (f)	bøyning (m/f)	[ˈbøjniŋ]
déclinaison (f)	bøyning (m/f)	[ˈbøjniŋ]
cas (m)	kasus (m)	[ˈkɑsʉs]
question (f)	spørsmål (n)	[ˈspœʂˌmol]
souligner (vt)	å understreke	[ɔ ˈʉnəˌstrekə]
pointillé (m)	prikket linje (m)	[ˈprikət ˈlinjə]

98. Les langues étrangères

langue (f)	språk (n)	[ˈsprɔk]
étranger (adj)	fremmed-	[ˈfremə-]
langue (f) étrangère	fremmedspråk (n)	[ˈfremedˌsprɔk]
étudier (vt)	å studere	[ɔ stʉˈderə]
apprendre (~ l'arabe)	å lære	[ɔ ˈlærə]
lire (vi, vt)	å lese	[ɔ ˈlesə]
parler (vi, vt)	å tale	[ɔ ˈtɑlə]
comprendre (vt)	å forstå	[ɔ fɔˈʂtɔ]
écrire (vt)	å skrive	[ɔ ˈskrivə]
vite (adv)	fort	[ˈfuːt]
lentement (adv)	langsomt	[ˈlɑŋsɔmt]

couramment (adv)	flytende	['flytnə]
règles (f pl)	regler (m pl)	['rɛglər]
grammaire (f)	grammatikk (m)	[grɑmɑ'tik]
vocabulaire (m)	ordforråd (n)	['uːrfʊˌrɔd]
phonétique (f)	fonetikk (m)	[fʊne'tik]

manuel (m)	lærebok (m/f)	['læərəˌbʊk]
dictionnaire (m)	ordbok (m/f)	['uːrˌbʊk]
manuel (m) autodidacte	lærebok (m/f) for selvstudium	['læərəˌbʊk fɔ 'selˌstʉdium]
guide (m) de conversation	parlør (m)	[pɑː'lør]

cassette (f)	kassett (m)	[kɑ'sɛt]
cassette (f) vidéo	videokassett (m)	['videʊ kɑ'sɛt]
CD (m)	CD-rom (m)	['sɛdɛˌrʊm]
DVD (m)	DVD (m)	[deve'de]

alphabet (m)	alfabet (n)	[ɑlfɑ'bet]
épeler (vt)	å stave	[ɔ 'stɑvə]
prononciation (f)	uttale (m)	['ʉtˌtɑlə]

accent (m)	aksent (m)	[ɑk'sɑŋ]
avec un accent	med aksent	[me ɑk'sɑŋ]
sans accent	uten aksent	['ʉtən ɑk'sɑŋ]

| mot (m) | ord (n) | ['uːr] |
| sens (m) | betydning (m) | [be'tʏdniŋ] |

cours (m pl)	kurs (n)	['kʉṣ]
s'inscrire (vp)	å anmelde seg	[ɔ 'ɑnˌmɛlə sæj]
professeur (m) (~ d'anglais)	lærer (m)	['lærər]

traduction (f) (action)	oversettelse (m)	['ɔvəˌsɛtəlsə]
traduction (f) (texte)	oversettelse (m)	['ɔvəˌsɛtəlsə]
traducteur (m)	oversetter (m)	['ɔvəˌsɛtər]
interprète (m)	tolk (m)	['tɔlk]

| polyglotte (m) | polyglott (m) | [pʊlʏ'glɔt] |
| mémoire (f) | minne (n), hukommelse (m) | ['minə], [hʉ'kɔməlsə] |

Les loisirs. Les voyages

99. Les voyages. Les excursions

tourisme (m)	turisme (m)	[tʉ'rismə]
touriste (m)	turist (m)	[tʉ'rist]
voyage (m) (à l'étranger)	reise (m/f)	['ræjsə]
aventure (f)	eventyr (n)	['ɛvənˌtyr]
voyage (m)	tripp (m)	['trip]
vacances (f pl)	ferie (m)	['fɛriə]
être en vacances	å være på ferie	[ɔ 'værə pɔ 'fɛriə]
repos (m) (jours de ~)	hvile (m/f)	['vilə]
train (m)	tog (n)	['tɔg]
en train	med tog	[me 'tɔg]
avion (m)	fly (n)	['fly]
en avion	med fly	[me 'fly]
en voiture	med bil	[me 'bil]
en bateau	med skip	[me 'ṣip]
bagage (m)	bagasje (m)	[bɑ'gɑṣə]
malle (f)	koffert (m)	['kʊfɛ:t]
chariot (m)	bagasjetralle (m/f)	[bɑ'gɑṣəˌtrɑlə]
passeport (m)	pass (n)	['pɑs]
visa (m)	visum (n)	['visʉm]
ticket (m)	billett (m)	[bi'let]
billet (m) d'avion	flybillett (m)	['fly bi'let]
guide (m) (livre)	reisehåndbok (m/f)	['ræjsəˌhɔnbʊk]
carte (f)	kart (n)	['kɑ:t]
région (f) (~ rurale)	område (n)	['ɔmˌroːdə]
endroit (m)	sted (n)	['sted]
exotique (adj)	eksotisk	[ɛk'sʊtisk]
étonnant (adj)	forunderlig	[fɔ'rʉndeːli]
groupe (m)	gruppe (m)	['grʉpə]
excursion (f)	utflukt (m/f)	['ʉtˌflʉkt]
guide (m) (personne)	guide (m)	['gɑjd]

100. L'hôtel

hôtel (m)	hotell (n)	[hʊ'tɛl]
motel (m)	motell (n)	[mʊ'tɛl]
3 étoiles	trestjernet	['treˌstjæːnə]
5 étoiles	femstjernet	['fɛmˌstjæːnə]

descendre (à l'hôtel)	å bo	[ɔ 'bu]
chambre (f)	rom (n)	['rʊm]
chambre (f) simple	enkeltrom (n)	['ɛnkelt‚rʊm]
chambre (f) double	dobbeltrom (n)	['dɔbəlt‚rʊm]
réserver une chambre	å reservere rom	[ɔ resɛr'verə 'rʊm]
demi-pension (f)	halvpensjon (m)	['hal pan‚ʂʊn]
pension (f) complète	fullpensjon (m)	['fʉl pan‚ʂʊn]
avec une salle de bain	med badekar	[me 'badə‚kar]
avec une douche	med dusj	[me 'dʉʂ]
télévision (f) par satellite	satellitt-TV (m)	[satɛ'lit 'tɛvɛ]
climatiseur (m)	klimaanlegg (n)	['klima'an‚leg]
serviette (f)	håndkle (n)	['hɔn‚kle]
clé (f)	nøkkel (m)	['nøkəl]
administrateur (m)	administrator (m)	[admini'strɑːtʊr]
femme (f) de chambre	stuepike (m/f)	['stʉə‚pikə]
porteur (m)	pikkolo (m)	['pikɔlɔ]
portier (m)	portier (m)	[pɔː'tje]
restaurant (m)	restaurant (m)	[rɛstʉ'raŋ]
bar (m)	bar (m)	['bar]
petit déjeuner (m)	frokost (m)	['frʊkɔst]
dîner (m)	middag (m)	['mi‚da]
buffet (m)	buffet (m)	[bʉ'fɛ]
hall (m)	hall, lobby (m)	['hal], ['lɔbi]
ascenseur (m)	heis (m)	['hæjs]
PRIÈRE DE NE PAS DÉRANGER	VENNLIGST IKKE FORSTYRR!	['vɛnligt ikə fɔ'ʂtyr]
DÉFENSE DE FUMER	RØYKING FORBUDT	['røjkiŋ fɔr'bʉt]

LE MATÉRIEL TECHNIQUE. LES TRANSPORTS

Le matériel technique

101. L'informatique

ordinateur (m)	datamaskin (m)	['dɑtɑ mɑˌʂin]
PC (m) portable	bærbar, laptop (m)	['bær.bɑr], ['lɑptɔp]
allumer (vt)	å slå på	[ɔ 'ʂlɔ pɔ]
éteindre (vt)	å slå av	[ɔ 'ʂlɔ ɑ:]
clavier (m)	tastatur (n)	[tɑstɑ'tʉr]
touche (f)	tast (m)	['tɑst]
souris (f)	mus (m/f)	['mʉs]
tapis (m) de souris	musematte (m/f)	['mʉsəˌmɑtə]
bouton (m)	knapp (m)	['knɑp]
curseur (m)	markør (m)	[mɑr'kør]
moniteur (m)	monitor (m)	['mɔnitɔr]
écran (m)	skjerm (m)	['ʂærm]
disque (m) dur	harddisk (m)	['hɑrˌdisk]
capacité (f) du disque dur	harddiskkapasitet (m)	['hɑrˌdisk kɑpɑsi'tet]
mémoire (f)	minne (n)	['minə]
mémoire (f) vive	hovedminne (n)	['hɔvədˌminə]
fichier (m)	fil (m)	['fil]
dossier (m)	mappe (m/f)	['mɑpə]
ouvrir (vt)	å åpne	[ɔ 'ɔpnə]
fermer (vt)	å lukke	[ɔ 'lʉkə]
sauvegarder (vt)	å lagre	[ɔ 'lɑgrə]
supprimer (vt)	å slette, å fjerne	[ɔ 'ʂletə], [ɔ 'fjæ:ɳə]
copier (vt)	å kopiere	[ɔ kʉ'pjerə]
trier (vt)	å sortere	[ɔ sɔ:'ʈerə]
copier (vt)	å overføre	[ɔ 'ɔvərˌførə]
programme (m)	program (n)	[prʉ'grɑm]
logiciel (m)	programvare (m/f)	[prʉ'grɑmˌvɑrə]
programmeur (m)	programmerer (m)	[prʉgrɑ'merər]
programmer (vt)	å programmere	[ɔ prʉgrɑ'merə]
hacker (m)	hacker (m)	['hɑkər]
mot (m) de passe	passord (n)	['pɑsˌu:r]
virus (m)	virus (m)	['virʉs]
découvrir (détecter)	å oppdage	[ɔ 'ɔpˌdɑgə]
bit (m)	byte (m)	['bɑjt]

mégabit (m)	megabyte (m)	['megaˌbajt]
données (f pl)	data (m pl)	['data]
base (f) de données	database (m)	['dataˌbasə]
câble (m)	kabel (m)	['kabəl]
déconnecter (vt)	å koble fra	[ɔ 'kɔblə fra]
connecter (vt)	å koble	[ɔ 'kɔblə]

102. L'Internet. Le courrier électronique

Internet (m)	Internett	['intəˌnɛt]
navigateur (m)	nettleser (m)	['nɛtˌlesər]
moteur (m) de recherche	søkemotor (m)	['søkəˌmotʉr]
fournisseur (m) d'accès	leverandør (m)	[levəran'dør]
administrateur (m) de site	webmaster (m)	['vɛbˌmastər]
site (m) web	webside, hjemmeside (m/f)	['vɛbˌsidə], ['jɛməˌsidə]
page (f) web	nettside (m)	['nɛtˌsidə]
adresse (f)	adresse (m)	[a'drɛsə]
carnet (m) d'adresses	adressebok (f)	[a'drɛsəˌbʉk]
boîte (f) de réception	postkasse (m/f)	['pɔstˌkasə]
courrier (m)	post (m)	['pɔst]
pleine (adj)	full	['fʉl]
message (m)	melding (m/f)	['mɛliŋ]
messages (pl) entrants	innkommende meldinger	['inˌkɔmənə 'mɛliŋər]
messages (pl) sortants	utgående meldinger	['ʉtˌgɔənə 'mɛliŋər]
expéditeur (m)	avsender (m)	['afˌsɛnər]
envoyer (vt)	å sende	[ɔ 'sɛnə]
envoi (m)	avsending (m)	['afˌsɛniŋ]
destinataire (m)	mottaker (m)	['mɔtˌtakər]
recevoir (vt)	å motta	[ɔ 'mɔta]
correspondance (f)	korrespondanse (m)	[kʉrespɔn'dansə]
être en correspondance	å brevveksle	[ɔ 'brɛvˌvɛkslə]
fichier (m)	fil (m)	['fil]
télécharger (vt)	å laste ned	[ɔ 'lastə 'ne]
créer (vt)	å opprette	[ɔ 'ɔpˌrɛtə]
supprimer (vt)	å slette, å fjerne	[ɔ 'ʂlɛtə], [ɔ 'fjæːɳə]
supprimé (adj)	slettet	['ʂlɛtət]
connexion (f) (ADSL, etc.)	forbindelse (m)	[fɔr'binəlsə]
vitesse (f)	hastighet (m/f)	['hastiˌhet]
modem (m)	modem (n)	['mʉ'dɛm]
accès (m)	tilgang (m)	['tilˌgaŋ]
port (m)	port (m)	['pɔːt]
connexion (f) (établir la ~)	tilkobling (m/f)	['tilˌkɔbliŋ]
se connecter à …	å koble	[ɔ 'kɔblə]
sélectionner (vt)	å velge	[ɔ 'vɛlgə]
rechercher (vt)	å søke etter …	[ɔ 'søkə ˌɛtər …]

103. L'électricité

électricité (f)	elektrisitet (m)	[ɛlektrisi'tet]
électrique (adj)	elektrisk	[ɛ'lektrisk]
centrale (f) électrique	kraftverk (n)	['kraft‚værk]
énergie (f)	energi (m)	[ɛnær'gi]
énergie (f) électrique	elkraft (m/f)	['ɛl‚kraft]
ampoule (f)	lyspære (m/f)	['lys‚pærə]
torche (f)	lommelykt (m/f)	['lʊmə‚lʏkt]
réverbère (m)	gatelykt (m/f)	['gatə‚lʏkt]
lumière (f)	lys (n)	['lys]
allumer (vt)	å slå på	[ɔ 'ʂlɔ pɔ]
éteindre (vt)	å slå av	[ɔ 'ʂlɔ ɑː]
éteindre la lumière	å slokke lyset	[ɔ 'ʂløkə 'lysə]
être grillé	å brenne ut	[ɔ 'brɛnə ʉt]
court-circuit (m)	kortslutning (m)	['kuːʈ‚ʂlʉtniŋ]
rupture (f)	kabelbrudd (n)	['kabəl‚brʉd]
contact (m)	kontakt (m)	[kʊn'takt]
interrupteur (m)	strømbryter (m)	['strøm‚brytər]
prise (f)	stikkontakt (m)	['stik kʊn‚takt]
fiche (f)	støpsel (n)	['støpsəl]
rallonge (f)	skjøteledning (m)	['ʂøtə‚lednin]
fusible (m)	sikring (m)	['sikriŋ]
fil (m)	ledning (m)	['ledniŋ]
installation (f) électrique	ledningsnett (n)	['ledniŋs‚nɛt]
ampère (m)	ampere (m)	[am'pɛr]
intensité (f) du courant	strømstyrke (m)	['strøm‚styrkə]
volt (m)	volt (m)	['vɔlt]
tension (f)	spenning (m/f)	['spɛniŋ]
appareil (m) électrique	elektrisk apparat (n)	[ɛ'lektrisk apa'rat]
indicateur (m)	indikator (m)	[indi'katʊr]
électricien (m)	elektriker (m)	[ɛ'lektrikər]
souder (vt)	å lodde	[ɔ 'lɔdə]
fer (m) à souder	loddebolt (m)	['lɔdə‚bɔlt]
courant (m)	strøm (m)	['strøm]

104. Les outils

outil (m)	verktøy (n)	['værk‚tøj]
outils (m pl)	verktøy (n pl)	['værk‚tøj]
équipement (m)	utstyr (n)	['ʉt‚styr]
marteau (m)	hammer (m)	['hamər]
tournevis (m)	skrutrekker (m)	['skrʉ‚trɛkər]
hache (f)	øks (m/f)	['øks]

scie (f)	sag (m/f)	['sɑg]
scier (vt)	å sage	[ɔ 'sɑgə]
rabot (m)	høvel (m)	['høvəl]
raboter (vt)	å høvle	[ɔ 'høvlə]
fer (m) à souder	loddebolt (m)	['lɔdə‚bɔlt]
souder (vt)	å lodde	[ɔ 'lɔdə]
lime (f)	fil (m/f)	['fil]
tenailles (f pl)	knipetang (m/f)	['knipə‚tɑŋ]
pince (f) plate	flattang (m/f)	['flɑt‚tɑŋ]
ciseau (m)	hoggjern, huggjern (n)	['hʊgˌjæːn]
foret (m)	bor (m/n)	['bʊr]
perceuse (f)	boremaskin (m)	['bɔre mɑ‚ʂin]
percer (vt)	å bore	[ɔ 'bɔrə]
couteau (m)	kniv (m)	['kniv]
canif (m)	lommekniv (m)	['lʊmə‚kniv]
pliant (adj)	folde-	['fɔlə-]
lame (f)	blad (n)	['blɑ]
bien affilé (adj)	skarp	['skɑrp]
émoussé (adj)	sløv	['sløv]
s'émousser (vp)	å bli sløv	[ɔ 'bli 'sløv]
affiler (vt)	å skjerpe, å slipe	[ɔ 'ʂɛrpə], [ɔ 'ʂlipə]
boulon (m)	bolt (m)	['bɔlt]
écrou (m)	mutter (m)	['mʉtər]
filetage (m)	gjenge (n)	['jɛŋə]
vis (f) à bois	skrue (m)	['skrʉə]
clou (m)	spiker (m)	['spikər]
tête (f) de clou	spikerhode (n)	['spikər‚hʊdə]
règle (f)	linjal (m)	[li'njɑl]
mètre (m) à ruban	måleband (n)	['moːlə‚bɔn]
niveau (m) à bulle	vater, vaterpass (n)	['vɑtər], ['vɑtər‚pɑs]
loupe (f)	lupe (m/f)	['lʉpə]
appareil (m) de mesure	måleinstrument (n)	['moːlə instrʉ'mɛnt]
mesurer (vt)	å måle	[ɔ 'moːlə]
échelle (f) (~ métrique)	skala (m)	['skɑlɑ]
relevé (m)	avlesninger (m/f pl)	['ɑv‚lesniŋər]
compresseur (m)	kompressor (m)	[kʊm'presʊr]
microscope (m)	mikroskop (n)	[mikrʊ'skʊp]
pompe (f)	pumpe (m/f)	['pʉmpə]
robot (m)	robot (m)	['rɔbɔt]
laser (m)	laser (m)	['lɑsər]
clé (f) de serrage	skrunøkkel (m)	['skrʉ‚nøkəl]
ruban (m) adhésif	pakketeip (m)	['pɑkə‚tɛjp]
colle (f)	lim (n)	['lim]
papier (m) d'émeri	sandpapir (n)	['sɑnpɑ‚pir]
ressort (m)	fjær (m/f)	['fjær]

aimant (m)	magnet (m)	[maŋ'net]
gants (m pl)	hansker (m pl)	['hanskər]
corde (f)	reip, rep (n)	['ræjp], ['rɛp]
cordon (m)	snor (m/f)	['snʊr]
fil (m) (~ électrique)	ledning (m)	['ledniŋ]
câble (m)	kabel (m)	['kabəl]
masse (f)	slegge (m/f)	['ʂlegə]
pic (m)	spett, jernspett (n)	['spɛt], ['jæːɳˌspɛt]
escabeau (m)	stige (m)	['stiːə]
échelle (f) double	trappstige (m/f)	['trɑpˌstiːə]
visser (vt)	å skru fast	[ɔ 'skrʉ 'fɑst]
dévisser (vt)	å skru løs	[ɔ 'skrʉ ˌløs]
serrer (vt)	å klemme	[ɔ 'klemə]
coller (vt)	å klistre, å lime	[ɔ 'klistrə], [ɔ 'limə]
couper (vt)	å skjære	[ɔ 'ʂæːrə]
défaut (m)	funksjonsfeil (m)	['fʊnkʂɔnsˌfæjl]
réparation (f)	reparasjon (m)	[repɑrɑ'ʂʊn]
réparer (vt)	å reparere	[ɔ repɑ'rerə]
régler (vt)	å justere	[ɔ jʉ'sterə]
vérifier (vt)	å sjekke	[ɔ 'ʂɛkə]
vérification (f)	kontroll (m)	[kʊn'trɔl]
relevé (m)	avlesninger (m/f pl)	['ɑvˌlesniŋər]
fiable (machine ~)	pålitelig	[pɔ'liteli]
complexe (adj)	komplisert	[kʊmpli'sɛːt]
rouiller (vi)	å ruste	[ɔ 'rʉstə]
rouillé (adj)	rusten, rustet	['rʉstən], ['rʉstət]
rouille (f)	rust (m/f)	['rʉst]

Les transports

105. L'avion

avion (m)	fly (n)	['fly]
billet (m) d'avion	flybillett (m)	['fly bi'let]
compagnie (f) aérienne	flyselskap (n)	['flysəl̩skɑp]
aéroport (m)	flyplass (m)	['fly͵plɑs]
supersonique (adj)	overlyds-	['ɔvə͵lyds-]
commandant (m) de bord	kaptein (m)	[kɑp'tæjn]
équipage (m)	besetning (m/f)	[be'sɛtniŋ]
pilote (m)	pilot (m)	[pi'lɔt]
hôtesse (f) de l'air	flyvertinne (m/f)	[flyvɛː'tinə]
navigateur (m)	styrmann (m)	['styr͵mɑn]
ailes (f pl)	vinger (m pl)	['viŋər]
queue (f)	hale (m)	['hɑlə]
cabine (f)	cockpit, førerkabin (m)	['kɔkpit], ['førərkɑ͵bin]
moteur (m)	motor (m)	['mɔtʊr]
train (m) d'atterrissage	landingshjul (n)	['lɑniŋsjʉl]
turbine (f)	turbin (m)	[tʉr'bin]
hélice (f)	propell (m)	[prʊ'pɛl]
boîte (f) noire	svart boks (m)	['svɑːṭ bɔks]
gouvernail (m)	ratt (n)	['rɑt]
carburant (m)	brensel (n)	['brɛnsəl]
consigne (f) de sécurité	sikkerhetsbrosjyre (m)	['sikərhɛts͵brɔ'ṣyrə]
masque (m) à oxygène	oksygenmaske (m/f)	['ɔksygən͵mɑskə]
uniforme (m)	uniform (m)	[ʉni'fɔrm]
gilet (m) de sauvetage	redningsvest (m)	['rɛdniŋs͵vɛst]
parachute (m)	fallskjerm (m)	['fɑl͵ṣærm]
décollage (m)	start (m)	['stɑːṭ]
décoller (vi)	å løfte	[ɔ 'lœftə]
piste (f) de décollage	startbane (m)	['stɑːṭ͵bɑnə]
visibilité (f)	siktbarhet (m)	['siktbɑr͵het]
vol (m) (~ d'oiseau)	flyging (m/f)	['flygiŋ]
altitude (f)	høyde (m)	['højdə]
trou (m) d'air	lufthull (n)	['lʉft͵hʉl]
place (f)	plass (m)	['plɑs]
écouteurs (m pl)	hodetelefoner (n pl)	['hɔdətelə͵fʉnər]
tablette (f)	klappbord (n)	['klɑp͵bʊr]
hublot (m)	vindu (n)	['vindʉ]
couloir (m)	midtgang (m)	['mit͵gɑŋ]

106. Le train

train (m)	tog (n)	['tɔg]
train (m) de banlieue	lokaltog (n)	[lɔ'kal̩ˌtɔg]
TGV (m)	ekspresstog (n)	[ɛks'prɛsˌtɔg]
locomotive (f) diesel	diesellokomotiv (n)	['disel lʉkɔmɔ'tiv]
locomotive (f) à vapeur	damplokomotiv (n)	['damp lʉkɔmɔ'tiv]
wagon (m)	vogn (m)	['vɔŋn]
wagon-restaurant (m)	restaurantvogn (m/f)	[rɛstʉ'raŋˌvɔŋn]
rails (m pl)	skinner (m/f pl)	['ʂinər]
chemin (m) de fer	jernbane (m)	['jæːn̩ˌbanə]
traverse (f)	sville (m/f)	['svilə]
quai (m)	perrong, plattform (m/f)	[pɛ'rɔŋ], ['platfɔrm]
voie (f)	spor (n)	['spʉr]
sémaphore (m)	semafor (m)	[sema'fʉr]
station (f)	stasjon (m)	[sta'ʂʉn]
conducteur (m) de train	lokfører (m)	['lʉkˌførər]
porteur (m)	bærer (m)	['bærər]
steward (m)	betjent (m)	['be'tjɛnt]
passager (m)	passasjer (m)	[pasa'ʂɛr]
contrôleur (m) de billets	billett inspektør (m)	[bi'let inspɛk'tør]
couloir (m)	korridor (m)	[kʉri'dɔr]
frein (m) d'urgence	nødbrems (m)	['nødˌbrɛms]
compartiment (m)	kupé (m)	[kʉ'pe]
couchette (f)	køye (m/f)	['køjə]
couchette (f) d'en haut	overkøye (m/f)	['ɔvərˌkøjə]
couchette (f) d'en bas	underkøye (m/f)	['ʉnərˌkøjə]
linge (m) de lit	sengetøy (n)	['sɛŋəˌtøj]
ticket (m)	billett (m)	[bi'let]
horaire (m)	rutetabell (m)	['rʉtəˌta'bɛl]
tableau (m) d'informations	informasjonstavle (m/f)	[infɔrma'ʂʉns ˌtavlə]
partir (vi)	å avgå	[ɔ 'avgɔ]
départ (m) (du train)	avgang (m)	['avˌgaŋ]
arriver (le train)	å ankomme	[ɔ 'anˌkɔmə]
arrivée (f)	ankomst (m)	['anˌkɔmst]
arriver en train	å ankomme med toget	[ɔ 'anˌkɔmə me 'tɔgə]
prendre le train	å gå på toget	[ɔ 'gɔ pɔ 'tɔgə]
descendre du train	å gå av toget	[ɔ 'gɔ a: 'tɔgə]
accident (m) ferroviaire	togulykke (m/n)	['tɔg ʉ'lʏkə]
dérailler (vi)	å spore av	[ɔ 'spʉrə a:]
locomotive (f) à vapeur	damplokomotiv (n)	['damp lʉkɔmɔ'tiv]
chauffeur (m)	fyrbøter (m)	['fyrˌbøtər]
chauffe (f)	fyrrom (n)	['fyrˌrʉm]
charbon (m)	kull (n)	['kʉl]

107. Le bateau

bateau (m)	skip (n)	['şip]
navire (m)	fartøy (n)	['fɑːˌtøj]
bateau (m) à vapeur	dampskip (n)	['dɑmpˌşip]
paquebot (m)	elvebåt (m)	['ɛlvəˌbɔt]
bateau (m) de croisière	cruiseskip (n)	['krʉsˌşip]
croiseur (m)	krysser (m)	['krʏsər]
yacht (m)	jakt (m/f)	['jakt]
remorqueur (m)	bukserbåt (m)	[bʉk'serˌbɔt]
péniche (f)	lastepram (m)	['lɑstəˌprɑm]
ferry (m)	ferje, ferge (m/f)	['færjə], ['færgə]
voilier (m)	seilbåt (n)	['sæjlˌbɔt]
brigantin (m)	brigantin (m)	[brigɑn'tin]
brise-glace (m)	isbryter (m)	['isˌbrytər]
sous-marin (m)	ubåt (m)	['ʉːˌbɔt]
canot (m) à rames	båt (m)	['bɔt]
dinghy (m)	jolle (m/f)	['jɔlə]
canot (m) de sauvetage	livbåt (m)	['livˌbɔt]
canot (m) à moteur	motorbåt (m)	['mɔtʉrˌbɔt]
capitaine (m)	kaptein (m)	[kɑp'tæjn]
matelot (m)	matros (m)	[mɑ'trʉs]
marin (m)	sjømann (m)	['şøˌmɑn]
équipage (m)	besetning (m/f)	[be'sɛtniŋ]
maître (m) d'équipage	båtsmann (m)	['bɔsˌmɑn]
mousse (m)	skipsgutt, jungmann (m)	['şipsˌgʉt], ['jʉŋˌmɑn]
cuisinier (m) du bord	kokk (m)	['kʉk]
médecin (m) de bord	skipslege (m)	['şipsˌlegə]
pont (m)	dekk (n)	['dɛk]
mât (m)	mast (m/f)	['mɑst]
voile (f)	seil (n)	['sæjl]
cale (f)	lasterom (n)	['lɑstəˌrʉm]
proue (f)	baug (m)	['bæu]
poupe (f)	akterende (m)	['ɑktəˌrɛnə]
rame (f)	åre (m)	['oːrə]
hélice (f)	propell (m)	[prʉ'pɛl]
cabine (f)	hytte (m)	['hʏtə]
carré (m) des officiers	offisersmesse (m/f)	[ɔfi'sɛrsˌmɛsə]
salle (f) des machines	maskinrom (n)	[mɑ'şinˌrʉm]
passerelle (f)	kommandobro (m/f)	[kɔ'mɑndʉˌbrʉ]
cabine (f) de T.S.F.	radiorom (m)	['rɑdiʉˌrʉm]
onde (f)	bølge (m)	['bølgə]
journal (m) de bord	loggbok (m/f)	['lɔgˌbʉk]
longue-vue (f)	langkikkert (m)	['lɑŋˌkikeːt]
cloche (f)	klokke (m/f)	['klɔkə]

pavillon (m)	flagg (n)	['flɑg]
grosse corde (f) tressée	trosse (m/f)	['trʊsə]
nœud (m) marin	knute (m)	['knʉtə]
rampe (f)	rekkverk (n)	['rɛkˌværk]
passerelle (f)	landgang (m)	['lɑnˌgɑŋ]
ancre (f)	anker (n)	['ɑŋkər]
lever l'ancre	å lette anker	[ɔ 'letə 'ɑŋkər]
jeter l'ancre	å kaste anker	[ɔ 'kɑstə 'ɑŋkər]
chaîne (f) d'ancrage	ankerkjetting (m)	['ɑŋkərˌçɛtiŋ]
port (m)	havn (m/f)	['hɑvn]
embarcadère (m)	kai (m/f)	['kɑj]
accoster (vi)	å fortøye	[ɔ fɔːˈtøjə]
larguer les amarres	å kaste loss	[ɔ 'kɑstə lɔs]
voyage (m) (à l'étranger)	reise (m/f)	['ræjsə]
croisière (f)	cruise (n)	['krʉs]
cap (m) (suivre un ~)	kurs (m)	['kʉs̞]
itinéraire (m)	rute (m/f)	['rʉtə]
chenal (m)	seilrende (m)	['sæjlˌrɛnə]
bas-fond (m)	grunne (m/f)	['grʉnə]
échouer sur un bas-fond	å gå på grunn	[ɔ 'gɔ pɔ 'grʉn]
tempête (f)	storm (m)	['stɔrm]
signal (m)	signal (n)	[siŋ'nɑl]
sombrer (vi)	å synke	[ɔ 'sʏŋkə]
Un homme à la mer!	Mann over bord!	['mɑn ˌɔvər 'bʊr]
SOS (m)	SOS (n)	[ɛsʊ'ɛs]
bouée (f) de sauvetage	livbøye (m/f)	['livˌbøjə]

108. L'aéroport

aéroport (m)	flyplass (m)	['flyˌplɑs]
avion (m)	fly (n)	['fly]
compagnie (f) aérienne	flyselskap (n)	['flysəlˌskɑp]
contrôleur (m) aérien	flygeleder (m)	['flygəˌledər]
départ (m)	avgang (m)	['ɑvˌgɑŋ]
arrivée (f)	ankomst (m)	['ɑnˌkɔmst]
arriver (par avion)	å ankomme	[ɔ 'ɑnˌkɔmə]
temps (m) de départ	avgangstid (m/f)	['ɑvgɑŋsˌtid]
temps (m) d'arrivée	ankomsttid (m/f)	[ɑn'kɔmsˌtid]
être retardé	å bli forsinket	[ɔ 'bli fɔ'ʂiŋkət]
retard (m) de l'avion	avgangsforsinkelse (m)	['ɑvgɑŋs fɔ'ʂiŋkəlsə]
tableau (m) d'informations	informasjonstavle (m/f)	[informɑ'ʂʉns ˌtɑvlə]
information (f)	informasjon (m)	[informɑ'ʂʉn]
annoncer (vt)	å meddele	[ɔ 'mɛdˌdelə]
vol (m)	fly (n)	['fly]

douane (f)	**toll** (m)	['tɔl]
douanier (m)	**tollbetjent** (m)	['tɔlbeˌtjɛnt]
déclaration (f) de douane	**tolldeklarasjon** (m)	['tɔldɛklaraˈʂʊn]
remplir (vt)	**å utfylle**	[ɔ 'ʉtˌfʏlə]
remplir la déclaration	**å utfylle en tolldeklarasjon**	[ɔ 'ʉtˌfʏlə en 'tɔldɛklaraˌʂʊn]
contrôle (m) de passeport	**passkontroll** (m)	['paskʊnˌtrɔl]
bagage (m)	**bagasje** (m)	[baˈgaʂə]
bagage (m) à main	**håndbagasje** (m)	['hɔnˌbaˈgaʂə]
chariot (m)	**bagasjetralle** (m/f)	[baˈgaʂəˌtralə]
atterrissage (m)	**landing** (m)	['laniŋ]
piste (f) d'atterrissage	**landingsbane** (m)	['laniŋsˌbanə]
atterrir (vi)	**å lande**	[ɔ 'lanə]
escalier (m) d'avion	**trapp** (m/f)	['trap]
enregistrement (m)	**innsjekking** (m/f)	['inˌʂɛkiŋ]
comptoir (m) d'enregistrement	**innsjekkingsskranke** (m)	['inˌʂɛkiŋs ˌskraŋkə]
s'enregistrer (vp)	**å sjekke inn**	[ɔ 'ʂɛkə in]
carte (f) d'embarquement	**boardingkort** (n)	['bɔːdiŋˌkɔːt]
porte (f) d'embarquement	**gate** (m/f)	['gejt]
transit (m)	**transitt** (m)	[tranˈsit]
attendre (vt)	**å vente**	[ɔ 'vɛntə]
salle (f) d'attente	**ventehall** (m)	['vɛntəˌhal]
raccompagner (à l'aéroport, etc.)	**å ta avskjed**	[ɔ 'ta 'afˌʂɛd]
dire au revoir	**å si farvel**	[ɔ 'si farˈvɛl]

Les grands événements de la vie

109. Les fêtes et les événements

fête (f)	fest (m)	['fɛst]
fête (f) nationale	nasjonaldag (m)	[naʂu'nal ˌda]
jour (m) férié	festdag (m)	['fɛstˌda]
fêter (vt)	å feire	[ɔ 'fæjrə]

événement (m) (~ du jour)	begivenhet (m/f)	[be'jivenˌhet]
événement (m) (soirée, etc.)	evenement (n)	[ɛvenə'maŋ]
banquet (m)	bankett (m)	[ban'kɛt]
réception (f)	resepsjon (m)	[resɛp'ʂun]
festin (m)	fest (n)	['fɛst]

anniversaire (m)	årsdag (m)	['oːʂˌda]
jubilé (m)	jubileum (n)	[jʉbi'leʉm]
célébrer (vt)	å feire	[ɔ 'fæjrə]

Nouvel An (m)	nytt år (n)	['nʏt ˌoːr]
Bonne année!	Godt nytt år!	['gɔt nʏt ˌoːr]
Père Noël (m)	Julenissen	['jʉləˌnisən]

Noël (m)	Jul (m/f)	['jʉl]
Joyeux Noël!	Gledelig jul!	['gledəli 'jʉl]
arbre (m) de Noël	juletre (n)	['jʉləˌtrɛ]
feux (m pl) d'artifice	fyrverkeri (n)	[ˌfyrværkə'ri]

mariage (m)	bryllup (n)	['brʏlʉp]
fiancé (m)	brudgom (m)	['brʉdˌgɔm]
fiancée (f)	brud (m/f)	['brʉd]

inviter (vt)	å innby, å invitere	[ɔ 'inby], [ɔ invi'terə]
lettre (f) d'invitation	innbydelse (m)	[in'bydəlse]

invité (m)	gjest (m)	['jɛst]
visiter (~ les amis)	å besøke	[ɔ be'søkə]
accueillir les invités	å hilse på gjestene	[ɔ 'hilsə pɔ 'jɛstenə]

cadeau (m)	gave (m/f)	['gavə]
offrir (un cadeau)	å gi	[ɔ 'ji]
recevoir des cadeaux	å få gaver	[ɔ 'fɔ 'gavər]
bouquet (m)	bukett (m)	[bʉ'kɛt]

félicitations (f pl)	lykkønskning (m/f)	['lʏkˌønskniŋ]
féliciter (vt)	å gratulere	[ɔ gratʉ'lerə]

carte (f) de veux	gratulasjonskort (n)	[gratʉla'ʂunsˌkoːt]
envoyer une carte	å sende postkort	[ɔ 'sɛnə 'pɔstˌkoːt]
recevoir une carte	å få postkort	[ɔ 'fɔ 'pɔstˌkoːt]

toast (m)	skål (m/f)	['skɔl]
offrir (un verre, etc.)	å tilby	[ɔ 'tilby]
champagne (m)	champagne (m)	[ṣam'panjə]

s'amuser (vp)	å more seg	[ɔ 'mʉrə sæj]
gaieté (f)	munterhet (m)	['mʉntər‚het]
joie (f) (émotion)	glede (m/f)	['gledə]

| danse (f) | dans (m) | ['dɑns] |
| danser (vi, vt) | å danse | [ɔ 'dɑnsə] |

| valse (f) | vals (m) | ['vɑls] |
| tango (m) | tango (m) | ['tɑŋgʉ] |

110. L'enterrement. Le deuil

cimetière (m)	gravplass, kirkegård (m)	['grɑv‚plɑs], ['çirkə‚gɔːr]
tombe (f)	grav (m)	['grɑv]
croix (f)	kors (n)	['kɔːṣ]
pierre (f) tombale	gravstein (m)	['grɑf‚stæjn]
clôture (f)	gjerde (n)	['jærə]
chapelle (f)	kapell (n)	[kɑ'pɛl]

mort (f)	død (m)	['dø]
mourir (vi)	å dø	[ɔ 'dø]
défunt (m)	den avdøde	[den 'ɑv‚dødə]
deuil (m)	sorg (m/f)	['sɔr]

enterrer (vt)	å begrave	[ɔ be'grɑvə]
maison (f) funéraire	begravelsesbyrå (n)	[be'grɑvəlses by‚ro]
enterrement (m)	begravelse (m)	[be'grɑvəlsə]

couronne (f)	krans (m)	['krɑns]
cercueil (m)	likkiste (m/f)	['lik‚çistə]
corbillard (m)	likbil (m)	['lik‚bil]
linceul (m)	likklede (n)	['lik‚kledə]

cortège (m) funèbre	gravfølge (n)	['grɑv‚følgə]
urne (f) funéraire	askeurne (m/f)	['ɑskə‚ʉːnə]
crématoire (m)	krematorium (n)	[krɛmɑ'tʉrium]

nécrologue (m)	nekrolog (m)	[nekrʉ'lɔg]
pleurer (vi)	å gråte	[ɔ 'groːtə]
sangloter (vi)	å hulke	[ɔ 'hʉlkə]

111. La guerre. Les soldats

section (f)	tropp (m)	['trɔp]
compagnie (f)	kompani (n)	[kʉmpɑ'ni]
régiment (m)	regiment (n)	[rɛgi'mɛnt]
armée (f)	hær (m)	['hær]
division (f)	divisjon (m)	[divi'ṣun]

détachement (m)	tropp (m)	['trɔp]
armée (f) (Moyen Âge)	hær (m)	['hær]
soldat (m) (un militaire)	soldat (m)	[sʊl'dɑt]
officier (m)	offiser (m)	[ɔfi'sɛr]
soldat (m) (grade)	menig (m)	['meni]
sergent (m)	sersjant (m)	[sær'ʂɑnt]
lieutenant (m)	løytnant (m)	['løjt͵nɑnt]
capitaine (m)	kaptein (m)	[kɑp'tæjn]
commandant (m)	major (m)	[mɑ'jɔr]
colonel (m)	oberst (m)	['ʊbɛʂt]
général (m)	general (m)	[gene'rɑl]
marin (m)	sjømann (m)	['ʂø͵mɑn]
capitaine (m)	kaptein (m)	[kɑp'tæjn]
maître (m) d'équipage	båtsmann (m)	['bɔs͵mɑn]
artilleur (m)	artillerist (m)	[͵ɑːtile'rist]
parachutiste (m)	fallskjermjeger (m)	['fɑl͵ʂærm 'jɛːgər]
pilote (m)	flyger, flyver (m)	['flygər], ['flyvər]
navigateur (m)	styrmann (m)	['styr͵mɑn]
mécanicien (m)	mekaniker (m)	[me'kɑnikər]
démineur (m)	pioner (m)	[piʊ'ner]
parachutiste (m)	fallskjermhopper (m)	['fɑl͵ʂærm 'hɔpər]
éclaireur (m)	oppklaringssoldat (m)	['ɔp͵klɑriŋ sʊl'dɑt]
tireur (m) d'élite	skarpskytte (m)	['skɑrp͵ʂytə]
patrouille (f)	patrulje (m)	[pɑ'trʉlje]
patrouiller (vi)	å patruljere	[ɔ pɑtrʉ'ljerə]
sentinelle (f)	vakt (m)	['vɑkt]
guerrier (m)	kriger (m)	['krigər]
héros (m)	helt (m)	['hɛlt]
héroïne (f)	heltinne (m)	['hɛlt͵inə]
patriote (m)	patriot (m)	[pɑtri'ɔt]
traître (m)	forræder (m)	[fɔ'rædər]
trahir (vt)	å forråde	[ɔ fɔ'rɔːdə]
déserteur (m)	desertør (m)	[desæː'tør]
déserter (vt)	å desertere	[ɔ desæː'terə]
mercenaire (m)	leiesoldat (m)	['læjəsʊl͵dɑt]
recrue (f)	rekrutt (m)	[re'krʉt]
volontaire (m)	frivillig (m)	['fri͵vili]
mort (m)	drept (m)	['drɛpt]
blessé (m)	såret (m)	['sɔːrə]
prisonnier (m) de guerre	fange (m)	['fɑŋə]

112. La guerre. Partie 1

guerre (f)	krig (m)	['krig]
faire la guerre	å være i krig	[ɔ 'værə i ͵krig]

guerre (f) civile	borgerkrig (m)	['bɔrgərˌkrig]
perfidement (adv)	lumsk, forræderisk	['lʉmsk], [fɔ'ræderisk]
déclaration (f) de guerre	krigserklæring (m)	['krigs ærˌklæriŋ]
déclarer (la guerre)	å erklære	[ɔ ær'klærə]
agression (f)	aggresjon (m)	[agre'ʂʉn]
attaquer (~ un pays)	å angripe	[ɔ 'anˌgripə]
envahir (vt)	å invadere	[ɔ inva'derə]
envahisseur (m)	angriper (m)	['anˌgripər]
conquérant (m)	erobrer (m)	[ɛ'rʉbrər]
défense (f)	forsvar (n)	['fʉˌsvar]
défendre (vt)	å forsvare	[ɔ fɔ'ʂvarə]
se défendre (vp)	å forsvare seg	[ɔ fɔ'ʂvarə sæj]
ennemi (m)	fiende (m)	['fiɛndə]
adversaire (m)	motstander (m)	['mʉtˌstanər]
ennemi (adj) (territoire ~)	fiendtlig	['fjɛntli]
stratégie (f)	strategi (m)	[strate'gi]
tactique (f)	taktikk (m)	[tɑk'tik]
ordre (m)	ordre (m)	['ɔrdrə]
commande (f)	ordre, kommando (m/f)	['ɔrdrə], ['kʉ'mandʉ]
ordonner (vt)	å beordre	[ɔ be'ɔrdrə]
mission (f)	oppdrag (m)	['ɔpdrag]
secret (adj)	hemmelig	['hɛməli]
bataille (f)	batalje (m)	[ba'taljə]
bataille (f)	slag (n)	['ʂlag]
combat (m)	kamp (m)	['kamp]
attaque (f)	angrep (n)	['anˌgrɛp]
assaut (m)	storm (m)	['stɔrm]
prendre d'assaut	å storme	[ɔ 'stɔrmə]
siège (m)	beleiring (m/f)	[be'læjriŋ]
offensive (f)	offensiv (m), angrep (n)	['ɔfenˌsif], ['anˌgrɛp]
passer à l'offensive	å angripe	[ɔ 'anˌgripə]
retraite (f)	retrett (m)	[rɛ'trɛt]
faire retraite	å retirere	[ɔ reti'rerə]
encerclement (m)	omringing (m/f)	['ɔmˌriŋiŋ]
encercler (vt)	å omringe	[ɔ 'ɔmˌriŋə]
bombardement (m)	bombing (m/f)	['bʉmbiŋ]
lancer une bombe	å slippe bombe	[ɔ 'ʂlipə 'bʉmbə]
bombarder (vt)	å bombardere	[ɔ bʉmba:'dɛrə]
explosion (f)	eksplosjon (m)	[ɛksplʉ'ʂʉn]
coup (m) de feu	skudd (n)	['skʉd]
tirer un coup de feu	å skyte av	[ɔ 'ʂytə a:]
fusillade (f)	skytning (m/f)	['ʂytniŋ]
viser ... (cible)	å sikte på ...	[ɔ 'siktə pɔ ...]
pointer (sur ...)	å rette	[ɔ 'rɛtə]

atteindre (cible)	å treffe	[ɔ 'trɛfə]
faire sombrer	å senke	[ɔ 'sɛnkə]
trou (m) (dans un bateau)	hull (n)	['hʉl]
sombrer (navire)	å synke	[ɔ 'sʏnkə]
front (m)	front (m)	['frɔnt]
évacuation (f)	evakuering (m/f)	[ɛvɑkʉ'eriŋ]
évacuer (vt)	å evakuere	[ɔ ɛvɑkʉ'erə]
tranchée (f)	skyttergrav (m)	['ʂytə‚grɑv]
barbelés (m pl)	piggtråd (m)	['pig‚trɔd]
barrage (m) (~ antichar)	hinder (n), sperring (m/f)	['hindər], ['spɛriŋ]
tour (f) de guet	vakttårn (n)	['vɑkt‚tɔːɳ]
hôpital (m)	militærsykehus (n)	[mili'tær‚sykə'hʉs]
blesser (vt)	å såre	[ɔ 'soːrə]
blessure (f)	sår (n)	['sɔr]
blessé (m)	såret (n)	['soːrə]
être blessé	å bli såret	[ɔ 'bli 'soːrət]
grave (blessure)	alvorlig	[ɑl'vɔːl̩i]

113. La guerre. Partie 2

captivité (f)	fangeskap (n)	['fɑŋə‚skɑp]
captiver (vt)	å ta til fange	[ɔ 'tɑ til 'fɑŋə]
être prisonnier	å være i fangeskap	[ɔ 'værə i 'fɑŋə‚skɑp]
être fait prisonnier	å bli tatt til fange	[ɔ 'bli tɑt til 'fɑŋə]
camp (m) de concentration	konsentrasjonsleir (m)	[kʉnsəntrɑ'ʂʉns‚læjr]
prisonnier (m) de guerre	fange (m)	['fɑŋə]
s'enfuir (vp)	å flykte	[ɔ 'flʏktə]
trahir (vt)	å forråde	[ɔ fɔ'rɔːdə]
traître (m)	forræder (m)	[fɔ'rædər]
trahison (f)	forræderi (n)	[forædə'ri]
fusiller (vt)	å henrette ved skyting	[ɔ 'hɛn‚rɛtə ve 'ʂytiŋ]
fusillade (f) (exécution)	skyting (m/f)	['ʂytiŋ]
équipement (m) (uniforme, etc.)	mundering (m/f)	[mʉn'dɛriŋ]
épaulette (f)	skulderklaff (m)	['skʉldər‚klɑf]
masque (m) à gaz	gassmaske (m/f)	['gɑs‚mɑskə]
émetteur (m) radio	feltradio (m)	['fɛlt‚rɑdiʉ]
chiffre (m) (code)	chiffer (n)	['ʂifər]
conspiration (f)	hemmeligholdelse (m)	['hɛməli‚hɔləlsə]
mot (m) de passe	passord (n)	['pɑs‚uːr]
mine (f) terrestre	mine (m/f)	['minə]
miner (poser des mines)	å minelegge	[ɔ 'minə‚legə]
champ (m) de mines	minefelt (n)	['minə‚fɛlt]
alerte (f) aérienne	flyalarm (m)	['fly ɑ'lɑrm]
signal (m) d'alarme	alarm (m)	[ɑ'lɑrm]

signal (m)	signal (n)	[siŋ'nal]
fusée signal (f)	signalrakett (m)	[siŋ'nal ra'kɛt]

état-major (m)	stab (m)	['stab]
reconnaissance (f)	oppklaring (m/f)	['ɔp‚klariŋ]
situation (f)	situasjon (m)	[situɑ'ʂun]
rapport (m)	rapport (m)	[ra'pɔːt]
embuscade (f)	bakhold (n)	['bak‚hɔl]
renfort (m)	forsterkning (m/f)	[fɔ'ʂtærkniŋ]

cible (f)	mål (n)	['mol]
polygone (m)	skytefelt (n)	['ʂytə‚fɛlt]
manœuvres (f pl)	manøverer (m pl)	[ma'nøvər]

panique (f)	panikk (m)	[pa'nik]
dévastation (f)	ødeleggelse (m)	['ødə‚legəlsə]
destructions (f pl) (ruines)	ruiner (m pl)	[ru'inər]
détruire (vt)	å ødelegge	[ɔ 'ødə‚legə]

survivre (vi)	å overleve	[ɔ 'ɔvə‚levə]
désarmer (vt)	å avvæpne	[ɔ 'av‚væpnə]
manier (une arme)	å handtere	[ɔ han'terə]

Garde-à-vous! Fixe!	Rett! | Gi-akt!	['rɛt], ['jiː'akt]
Repos!	Hvil!	['vil]

exploit (m)	bedrift (m)	[be'drift]
serment (m)	ed (m)	['ɛd]
jurer (de faire qch)	å sverge	[ɔ 'sværgə]

décoration (f)	belønning (m/f)	[be'lœniŋ]
décorer (de la médaille)	å belønne	[ɔ be'lœnə]
médaille (f)	medalje (m)	[me'daljə]
ordre (m) (~ du Mérite)	orden (m)	['ɔrdən]

victoire (f)	seier (m)	['sæjər]
défaite (f)	nederlag (n)	['nedə‚lag]
armistice (m)	våpenhvile (m)	['vɔpən‚vilə]

drapeau (m)	fane (m)	['fanə]
gloire (f)	berømmelse (m)	[be'rœməlsə]
défilé (m)	parade (m)	[pa'radə]
marcher (défiler)	å marsjere	[ɔ ma'ʂerə]

114. Les armes

arme (f)	våpen (n)	['vɔpən]
armes (f pl) à feu	skytevåpen (n)	['ʂytə‚vɔpən]
armes (f pl) blanches	blankvåpen (n)	['blank‚vɔpən]

arme (f) chimique	kjemisk våpen (n)	['çemisk ‚vɔpən]
nucléaire (adj)	kjerne-	['çæːnə-]
arme (f) nucléaire	kjernevåpen (n)	['çæːnə‚vɔpən]
bombe (f)	bombe (m)	['bumbə]

bombe (f) atomique	atombombe (m)	[ɑˈtʉmˌbʉmbə]
pistolet (m)	pistol (m)	[piˈstʉl]
fusil (m)	gevær (n)	[geˈvæːr]
mitraillette (f)	maskinpistol (m)	[mɑˈʂin piˌstʉl]
mitrailleuse (f)	maskingevær (n)	[mɑˈʂin geˌvæːr]
bouche (f)	munning (m)	[ˈmʉniŋ]
canon (m)	løp (n)	[ˈløp]
calibre (m)	kaliber (m/n)	[kɑˈlibər]
gâchette (f)	avtrekker (m)	[ˈɑʋˌtrɛkər]
mire (f)	sikte (n)	[ˈsiktə]
magasin (m)	magasin (n)	[mɑgɑˈsin]
crosse (f)	kolbe (m)	[ˈkɔlbə]
grenade (f) à main	håndgranat (m)	[ˈhɔnˌgrɑˈnɑt]
explosif (m)	sprengstoff (n)	[ˈsprɛŋˌstɔf]
balle (f)	kule (m/f)	[ˈkʉːlə]
cartouche (f)	patron (m)	[pɑˈtrʉn]
charge (f)	ladning (m)	[ˈlɑdniŋ]
munitions (f pl)	ammunisjon (m)	[ɑmʉniˈʂʉn]
bombardier (m)	bombefly (n)	[ˈbʉmbəˌfly]
avion (m) de chasse	jagerfly (n)	[ˈjɑgərˌfly]
hélicoptère (m)	helikopter (n)	[heliˈkɔptər]
pièce (f) de D.C.A.	luftvernkanon (m)	[ˈlʉftvɛːɳ kɑˈnʉn]
char (m)	stridsvogn (m/f)	[ˈstridsˌvɔŋn]
canon (m) d'un char	kanon (m)	[kɑˈnʉn]
artillerie (f)	artilleri (n)	[ˌɑːʈileˈri]
canon (m)	kanon (m)	[kɑˈnʉn]
pointer (~ l'arme)	å rette	[ɔ ˈrɛtə]
obus (m)	projektil (m)	[prʉekˈtil]
obus (m) de mortier	granat (m/f)	[grɑˈnɑt]
mortier (m)	granatkaster (m)	[grɑˈnɑtˌkɑstər]
éclat (m) d'obus	splint (m)	[ˈsplint]
sous-marin (m)	ubåt (m)	[ˈʉːˌbot]
torpille (f)	torpedo (m)	[tʉrˈpedʉ]
missile (m)	rakett (m)	[rɑˈkɛt]
charger (arme)	å lade	[ɔ ˈlɑdə]
tirer (vi)	å skyte	[ɔ ˈʂytə]
viser ... (cible)	å sikte på ...	[ɔ ˈsiktə pɔ ...]
baïonnette (f)	bajonett (m)	[bɑjoˈnɛt]
épée (f)	kårde (m)	[ˈkoːrdə]
sabre (m)	sabel (m)	[ˈsɑbəl]
lance (f)	spyd (n)	[ˈspyd]
arc (m)	bue (m)	[ˈbʉːə]
flèche (f)	pil (m/f)	[ˈpil]
mousquet (m)	muskett (m)	[mʉˈskɛt]
arbalète (f)	armbrøst (m)	[ˈɑrmˌbrøst]

115. Les hommes préhistoriques

primitif (adj)	ur-	['ʉr-]
préhistorique (adj)	forhistorisk	['fɔrhiˌstʉrisk]
ancien (adj)	oldtidens, antikkens	['ɔlˌtidəns], [an'tikəns]
Âge (m) de pierre	Steinalderen	['stæjnˌalderən]
Âge (m) de bronze	bronsealder (m)	['brɔnsəˌaldər]
période (f) glaciaire	istid (m/f)	['isˌtid]
tribu (f)	stamme (m)	['stamə]
cannibale (m)	kannibal (m)	[kani'bal]
chasseur (m)	jeger (m)	['jɛːgər]
chasser (vi, vt)	å jage	[ɔ 'jagə]
mammouth (m)	mammut (m)	['mamʉt]
caverne (f)	grotte (m/f)	['grɔtə]
feu (m)	ild (m)	['il]
feu (m) de bois	bål (n)	['bɔl]
dessin (m) rupestre	helleristning (m/f)	['hɛləˌristniŋ]
outil (m)	redskap (m/n)	['rɛdˌskap]
lance (f)	spyd (n)	['spyd]
hache (f) en pierre	steinøks (m/f)	['stæjnˌøks]
faire la guerre	å være i krig	[ɔ 'værə i ˌkrig]
domestiquer (vt)	å temme	[ɔ 'tɛmə]
idole (f)	idol (n)	[i'dʊl]
adorer, vénérer (vt)	å dyrke	[ɔ 'dyrkə]
superstition (f)	overtro (m)	['ovəˌtrʊ]
rite (m)	ritual (n)	[ritʉ'al]
évolution (f)	evolusjon (m)	[ɛvɔlʉ'ʂʊn]
développement (m)	utvikling (m/f)	['ʉtˌvikliŋ]
disparition (f)	forsvinning (m/f)	[fɔ'ʂviniŋ]
s'adapter (vp)	å tilpasse seg	[ɔ 'tilˌpasə sæj]
archéologie (f)	arkeologi (m)	[ˌarkeʊlʉ'gi]
archéologue (m)	arkeolog (m)	[ˌarkeʊ'lɔg]
archéologique (adj)	arkeologisk	[ˌarkeʊ'lɔgisk]
site (m) d'excavation	utgravingssted (n)	['ʉtˌgraviŋs ˌsted]
fouilles (f pl)	utgravinger (m/f pl)	['ʉtˌgraviŋər]
trouvaille (f)	funn (n)	['fʉn]
fragment (m)	fragment (n)	[frag'mɛnt]

116. Le Moyen Âge

peuple (m)	folk (n)	['fɔlk]
peuples (m pl)	folk (n pl)	['fɔlk]
tribu (f)	stamme (m)	['stamə]
tribus (f pl)	stammer (m pl)	['stamər]
Barbares (m pl)	barbarer (m pl)	[bar'barər]

Gaulois (m pl)	gallere (m pl)	['galere]
Goths (m pl)	gotere (m pl)	['gotere]
Slaves (m pl)	slavere (m pl)	['slavɛre]
Vikings (m pl)	vikinger (m pl)	['vikiŋer]
Romains (m pl)	romere (m pl)	['rʊmere]
romain (adj)	romersk	['rʊmæʂk]
byzantins (m pl)	bysantiner (m pl)	[bysɑn'tiner]
Byzance (f)	Bysants	[by'sɑnts]
byzantin (adj)	bysantinsk	[bysɑn'tinsk]
empereur (m)	keiser (m)	['kæjser]
chef (m)	høvding (m)	['høvdiŋ]
puissant (adj)	mektig	['mɛkti]
roi (m)	konge (m)	['kʊŋe]
gouverneur (m)	hersker (m)	['hæʂker]
chevalier (m)	ridder (m)	['rider]
féodal (m)	føydalherre (m)	['føjdal‚hɛre]
féodal (adj)	føydal	['føjdal]
vassal (m)	vasall (m)	[va'sal]
duc (m)	hertug (m)	['hæːʈʉg]
comte (m)	greve (m)	['greve]
baron (m)	baron (m)	[ba'rʊn]
évêque (m)	biskop (m)	['biskɔp]
armure (f)	rustning (m/f)	['rʊstniŋ]
bouclier (m)	skjold (n)	['ʂɔl]
glaive (m)	sverd (n)	['sværd]
visière (f)	visir (n)	[vi'sir]
cotte (f) de mailles	ringbrynje (m/f)	['riŋ‚brynje]
croisade (f)	korstog (n)	['kɔːʂ‚tɔg]
croisé (m)	korsfarer (m)	['kɔːʂ‚farer]
territoire (m)	territorium (n)	[tɛri'tʊrium]
attaquer (~ un pays)	å angripe	[ɔ 'an‚gripe]
conquérir (vt)	å erobre	[ɔ ɛ'rʊbre]
occuper (envahir)	å okkupere	[ɔ ɔkʉ'pere]
siège (m)	beleiring (m/f)	[be'læjriŋ]
assiégé (adj)	beleiret	[be'læjret]
assiéger (vt)	å beleire	[ɔ be'læjre]
inquisition (f)	inkvisisjon (m)	[inkvisi'ʂʊn]
inquisiteur (m)	inkvisitor (m)	[inkvi'sitʊr]
torture (f)	tortur (m)	[tɔː'ʈʉr]
cruel (adj)	brutal	[brʉ'tal]
hérétique (m)	kjetter (m)	['çɛter]
hérésie (f)	kjetteri (n)	[çɛte'ri]
navigation (f) en mer	sjøfart (m)	['ʂøˌfaːʈ]
pirate (m)	pirat, sjørøver (m)	['pi'rat], ['ʂøˌrøver]
piraterie (f)	sjørøveri (n)	['ʂø røvɛ'ri]

abordage (m)	entring (m/f)	['ɛntriŋ]
butin (m)	bytte (n)	['bʏtə]
trésor (m)	skatter (m pl)	['skatər]
découverte (f)	oppdagelse (m)	['ɔp˛dagəlsə]
découvrir (vt)	å oppdage	[ɔ 'ɔp˛dagə]
expédition (f)	ekspedisjon (m)	[ɛkspedi'ʂʉn]
mousquetaire (m)	musketer (m)	[mʉskə'ter]
cardinal (m)	kardinal (m)	[kɑːɖi'nal]
héraldique (f)	heraldikk (m)	[heral'dik]
héraldique (adj)	heraldisk	[he'raldisk]

117. Les dirigeants. Les responsables. Les autorités

roi (m)	konge (m)	['kʊŋə]
reine (f)	dronning (m/f)	['drɔniŋ]
royal (adj)	kongelig	['kʊŋəli]
royaume (m)	kongerike (n)	['kʊŋə˛rikə]
prince (m)	prins (m)	['prins]
princesse (f)	prinsesse (m/f)	[prin'sɛsə]
président (m)	president (m)	[prɛsi'dɛnt]
vice-président (m)	visepresident (m)	['visə prɛsi'dɛnt]
sénateur (m)	senator (m)	[se'natʉr]
monarque (m)	monark (m)	[mʊ'nark]
gouverneur (m)	hersker (m)	['hæʂkər]
dictateur (m)	diktator (m)	[dik'tatʉr]
tyran (m)	tyrann (m)	[ty'ran]
magnat (m)	magnat (m)	[maŋ'nat]
directeur (m)	direktør (m)	[dirɛk'tør]
chef (m)	sjef (m)	['ʂɛf]
gérant (m)	forstander (m)	[fɔ'ʂtandər]
boss (m)	boss (m)	['bɔs]
patron (m)	eier (m)	['æjər]
leader (m)	leder (m)	['ledər]
chef (m) (~ d'une délégation)	leder (m)	['ledər]
autorités (f pl)	myndigheter (m pl)	['mʏndi˛hetər]
supérieurs (m pl)	overordnede (pl)	['ɔvər˛ɔrdnedə]
gouverneur (m)	guvernør (m)	[gʉver'nør]
consul (m)	konsul (m)	['kʊn˛sʉl]
diplomate (m)	diplomat (m)	[diplʉ'mat]
maire (m)	borgermester (m)	[bɔrgər'mɛstər]
shérif (m)	sheriff (m)	[ʂɛ'rif]
empereur (m)	keiser (m)	['kæjsər]
tsar (m)	tsar (m)	['tsar]
pharaon (m)	farao (m)	['farɑʉ]
khan (m)	khan (m)	['kan]

118. Les crimes. Les criminels. Partie 1

bandit (m)	banditt (m)	[bɑn'dit]
crime (m)	forbrytelse (m)	[fɔr'brytəlsə]
criminel (m)	forbryter (m)	[fɔr'brytər]
voleur (m)	tyv (m)	['tyv]
voler (qch à qn)	å stjele	[ɔ 'stjelə]
kidnapper (vt)	å kidnappe	[ɔ 'kidˌnɛpə]
kidnapping (m)	kidnapping (m)	['kidˌnɛpiŋ]
kidnappeur (m)	kidnapper (m)	['kidˌnɛpər]
rançon (f)	løsepenger (m pl)	['løsəˌpɛŋər]
exiger une rançon	å kreve løsepenger	[ɔ 'krevə 'løsəˌpɛŋər]
cambrioler (vt)	å rane	[ɔ 'ranə]
cambriolage (m)	ran (n)	['ran]
cambrioleur (m)	raner (m)	['ranər]
extorquer (vt)	å presse ut	[ɔ 'prɛsə ʉt]
extorqueur (m)	utpresser (m)	['ʉtˌprɛsər]
extorsion (f)	utpressing (m/f)	['ʉtˌprɛsiŋ]
tuer (vt)	å myrde	[ɔ 'myːdə]
meurtre (m)	mord (n)	['mʊr]
meurtrier (m)	morder (m)	['mʊrdər]
coup (m) de feu	skudd (n)	['skʉd]
tirer un coup de feu	å skyte av	[ɔ 'ʂytə ɑː]
abattre (par balle)	å skyte ned	[ɔ 'ʂytə ne]
tirer (vi)	å skyte	[ɔ 'ʂytə]
coups (m pl) de feu	skyting, skytning (m/f)	['ʂytiŋ], ['ʂytniŋ]
incident (m)	hendelse (m)	['hɛndəlsə]
bagarre (f)	slagsmål (n)	['ʂlaksˌmol]
Au secours!	Hjelp!	['jɛlp]
victime (f)	offer (n)	['ɔfər]
endommager (vt)	å skade	[ɔ 'skadə]
dommage (m)	skade (m)	['skadə]
cadavre (m)	lik (n)	['lik]
grave (~ crime)	alvorlig	[al'vɔːli]
attaquer (vt)	å anfalle	[ɔ 'anˌfalə]
battre (frapper)	å slå	[ɔ 'ʂlɔ]
passer à tabac	å klå opp	[ɔ 'klɔ ɔp]
prendre (voler)	å berøve	[ɔ be'røvə]
poignarder (vt)	å stikke i hjel	[ɔ 'stikə i 'jɛl]
mutiler (vt)	å lemleste	[ɔ 'lemˌlestə]
blesser (vt)	å såre	[ɔ 'soːrə]
chantage (m)	utpressing (m/f)	['ʉtˌprɛsiŋ]
faire chanter	å utpresse	[ɔ 'ʉtˌprɛsə]
maître (m) chanteur	utpresser (m)	['ʉtˌprɛsər]

racket (m) de protection	utpressing (m/f)	['ʉtˌprɛsiŋ]
racketteur (m)	utpresser (m)	['ʉtˌprɛsər]
gangster (m)	gangster (m)	['gɛŋstər]
mafia (f)	mafia (m)	['mafia]
pickpocket (m)	lommetyv (m)	['lʊməˌtyv]
cambrioleur (m)	innbruddstyv (m)	['inbrʉdsˌtyv]
contrebande (f) (trafic)	smugling (m/f)	['smʉgliŋ]
contrebandier (m)	smugler (m)	['smʉglər]
contrefaçon (f)	forfalskning (m/f)	[fɔr'falskniŋ]
falsifier (vt)	å forfalske	[ɔ fɔr'falskə]
faux (falsifié)	falsk	['falsk]

119. Les crimes. Les criminels. Partie 2

viol (m)	voldtekt (m)	['vɔlˌtɛkt]
violer (vt)	å voldta	[ɔ 'vɔlˌta]
violeur (m)	voldtektsmann (m)	['vɔlˌtɛkts man]
maniaque (m)	maniker (m)	['manikər]
prostituée (f)	prostituert (m)	[prʊstitʉ'eːt]
prostitution (f)	prostitusjon (m)	[prʊstitʉ'ʂʊn]
souteneur (m)	hallik (m)	['halik]
drogué (m)	narkoman (m)	[narkʊ'man]
trafiquant (m) de drogue	narkolanger (m)	['narkɔˌlaŋər]
faire exploser	å sprenge	[ɔ 'sprɛŋə]
explosion (f)	eksplosjon (m)	[ɛksplʊ'ʂʊn]
mettre feu	å sette fyr	[ɔ 'sɛtə ˌfyr]
incendiaire (m)	brannstifter (m)	['branˌstiftər]
terrorisme (m)	terrorisme (m)	[tɛrʊ'rismə]
terroriste (m)	terrorist (m)	[tɛrʊ'rist]
otage (m)	gissel (m)	['jisəl]
escroquer (vt)	å bedra	[ɔ be'dra]
escroquerie (f)	bedrag (n)	[be'drag]
escroc (m)	bedrager, svindler (m)	[be'dragər], ['svindlər]
soudoyer (vt)	å bestikke	[ɔ be'stikə]
corruption (f)	bestikkelse (m)	[be'stikəlsə]
pot-de-vin (m)	bestikkelse (m)	[be'stikəlsə]
poison (m)	gift (m/f)	['jift]
empoisonner (vt)	å forgifte	[ɔ fɔr'jiftə]
s'empoisonner (vp)	å forgifte seg selv	[ɔ fɔr'jiftə sæj sɛl]
suicide (m)	selvmord (n)	['sɛlˌmʊr]
suicidé (m)	selvmorder (m)	['sɛlˌmʊrdər]
menacer (vt)	å true	[ɔ 'trʉə]
menace (f)	trussel (m)	['trʉsəl]

attenter (vt)	å begå mordforsøk	[ɔ beˈgɔ ˈmʊrdfɔˌsøk]
attentat (m)	mordforsøk (n)	[ˈmʊrdfɔˌsøk]
voler (un auto)	å stjele	[ɔ ˈstjelə]
détourner (un avion)	å kapre	[ɔ ˈkaprə]
vengeance (f)	hevn (m)	[ˈhɛvn]
se venger (vp)	å hevne	[ɔ ˈhɛvnə]
torturer (vt)	å torturere	[ɔ tɔːtɵˈrerə]
torture (f)	tortur (m)	[tɔːˈtɵr]
tourmenter (vt)	å plage	[ɔ ˈplagə]
pirate (m)	pirat, sjørøver (m)	[ˈpiˈrat], [ˈʂøˌrøvər]
voyou (m)	bølle (m)	[ˈbølə]
armé (adj)	bevæpnet	[beˈværpnət]
violence (f)	vold (m)	[ˈvɔl]
illégal (adj)	illegal	[ˈileˌgal]
espionnage (m)	spionasje (m)	[spiʊˈnaʂə]
espionner (vt)	å spionere	[ɔ spiʊˈnerə]

120. La police. La justice. Partie 1

justice (f)	justis (m), rettspleie (m/f)	[ˈjɵˈstis], [ˈrɛtsˌplæje]
tribunal (m)	rettssal (m)	[ˈrɛtsˌsal]
juge (m)	dommer (m)	[ˈdɔmər]
jury (m)	lagrettemedlemmer (n pl)	[ˈlagˌrɛtə medleˈmer]
cour (f) d'assises	lagrette, juryordning (m)	[ˈlagˌrɛtə], [ˈjɵriˌɔrdniŋ]
juger (vt)	å dømme	[ɔ ˈdœmə]
avocat (m)	advokat (m)	[advʊˈkat]
accusé (m)	anklaget (m)	[ˈanˌklaget]
banc (m) des accusés	anklagebenk (m)	[anˈklagəˌbɛnk]
inculpation (f)	anklage (m)	[ˈanˌklagə]
inculpé (m)	anklagede (m)	[ˈanˌklagedə]
condamnation (f)	dom (m)	[ˈdɔm]
condamner (vt)	å dømme	[ɔ ˈdœmə]
coupable (m)	skyldige (m)	[ˈʂyldiə]
punir (vt)	å straffe	[ɔ ˈstrafə]
punition (f)	straff, avstraffelse (m)	[ˈstraf], [ˈafˌstrafəlsə]
amende (f)	bot (m/f)	[ˈbʊt]
détention (f) à vie	livsvarig fengsel (n)	[ˈlifsˌvari ˈfɛŋsəl]
peine (f) de mort	dødsstraff (m/f)	[ˈdødˌstraf]
chaise (f) électrique	elektrisk stol (m)	[ɛˈlektrisk ˌstʊl]
potence (f)	galge (m)	[ˈgalgə]
exécuter (vt)	å henrette	[ɔ ˈhɛnˌrɛtə]
exécution (f)	henrettelse (m)	[ˈhɛnˌrɛtəlsə]

prison (f)	fengsel (n)	['fɛŋsəl]
cellule (f)	celle (m)	['sɛlə]
escorte (f)	eskorte (m)	[ɛs'kɔ:ṭə]
gardien (m) de prison	fangevokter (m)	['faŋəˌvɔktər]
prisonnier (m)	fange (m)	['faŋə]
menottes (f pl)	håndjern (n pl)	['hɔnˌjæ:ŋ]
mettre les menottes	å sette håndjern	[ɔ 'sɛtə 'hɔnˌjæ:ŋ]
évasion (f)	flykt (m/f)	['flʏkt]
s'évader (vp)	å flykte, å rømme	[ɔ 'flʏktə], [ɔ 'rœmə]
disparaître (vi)	å forsvinne	[ɔ fɔ'ṣvinə]
libérer (vt)	å løslate	[ɔ 'løsˌlatə]
amnistie (f)	amnesti (m)	[amnɛ'sti]
police (f)	politi (n)	[pʊli'ti]
policier (m)	politi (m)	[pʊli'ti]
commissariat (m) de police	politistasjon (m)	[pʊli'tiˌsta'ṣʊn]
matraque (f)	gummikølle (m/f)	['gɵmiˌkølə]
haut parleur (m)	megafon (m)	[mega'fʊn]
voiture (f) de patrouille	patruljebil (m)	[pa'trɵljəˌbil]
sirène (f)	sirene (m/f)	[si'renə]
enclencher la sirène	å slå på sirenen	[ɔ 'ṣlɔ pɔ si'renən]
hurlement (m) de la sirène	sirene hyl (n)	[si'renə ˌhyl]
lieu (m) du crime	åsted (n)	['ɔsted]
témoin (m)	vitne (n)	['vitnə]
liberté (f)	frihet (m)	['friˌhet]
complice (m)	medskyldig (m)	['mɛˌsyldi]
s'enfuir (vp)	å flykte	[ɔ 'flʏktə]
trace (f)	spor (n)	['spʊr]

121. La police. La justice. Partie 2

recherche (f)	ettersøking (m/f)	['ɛtəˌṣøkiŋ]
rechercher (vt)	å søke etter …	[ɔ 'søkə ˌɛtər …]
suspicion (f)	mistanke (m)	['misˌtankə]
suspect (adj)	mistenkelig	[mis'tɛnkəli]
arrêter (dans la rue)	å stoppe	[ɔ 'stɔpə]
détenir (vt)	å anholde	[ɔ 'anˌhɔle]
affaire (f) (~ pénale)	sak (m/f)	['sak]
enquête (f)	etterforskning (m/f)	['ɛtərˌfɔṣkniŋ]
détective (m)	detektiv (m)	[detɛk'tiv]
enquêteur (m)	etterforsker (m)	['ɛtərˌfɔṣkər]
hypothèse (f)	versjon (m)	[væ'ṣʊn]
motif (m)	motiv (n)	[mʊ'tiv]
interrogatoire (m)	forhør (n)	[fɔr'hør]
interroger (vt)	å forhøre	[ɔ fɔr'hørə]
interroger (~ les voisins)	å avhøre	[ɔ 'avˌhørə]
inspection (f)	sjekking (m/f)	['ṣɛkiŋ]

rafle (f)	rassia, razzia (m)	['rasia]
perquisition (f)	ransakelse (m)	['ranˌsakəlsə]
poursuite (f)	jakt (m/f)	['jakt]
poursuivre (vt)	å forfølge	[ɔ fɔr'følə]
dépister (vt)	å spore	[ɔ 'spurə]
arrestation (f)	arrest (m)	[a'rɛst]
arrêter (vt)	å arrestere	[ɔ arɛ'sterə]
attraper (~ un criminel)	å fange	[ɔ 'faŋə]
capture (f)	pågripelse (m)	['pɔˌgripəlsə]
document (m)	dokument (n)	[dɔkʉ'mɛnt]
preuve (f)	bevis (n)	[be'vis]
prouver (vt)	å bevise	[ɔ be'visə]
empreinte (f) de pied	fotspor (n)	['fʊtˌspʊr]
empreintes (f pl) digitales	fingeravtrykk (n pl)	['fiŋərˌavtrʏk]
élément (m) de preuve	bevis (n)	[be'vis]
alibi (m)	alibi (n)	['alibi]
innocent (non coupable)	uskyldig	[ʉ'ʂyldi]
injustice (f)	urettferdighet (m)	['ʉrɛtfærdiˌhet]
injuste (adj)	urettferdig	['ʉrɛtˌfærdi]
criminel (adj)	kriminell	[krimi'nɛl]
confisquer (vt)	å konfiskere	[ɔ kʊnfi'skerə]
drogue (f)	narkotika (m)	[nar'kɔtika]
arme (f)	våpen (n)	['vɔpən]
désarmer (vt)	å avvæpne	[ɔ 'avˌvæpnə]
ordonner (vt)	å befale	[ɔ be'falə]
disparaître (vi)	å forsvinne	[ɔ fɔ'ʂvinə]
loi (f)	lov (m)	['lɔv]
légal (adj)	lovlig	['lɔvli]
illégal (adj)	ulovlig	[ʉ'lɔvli]
responsabilité (f)	ansvar (n)	['anˌsvar]
responsable (adj)	ansvarlig	[ans'vaːli]

LA NATURE

La Terre. Partie 1

122. L'espace cosmique

cosmos (m)	rommet, kosmos (n)	['rʉmə], ['kɔsmɔs]
cosmique (adj)	rom-	['rʉm-]
espace (m) cosmique	ytre rom (n)	['ytrə ˌrʉm]
monde (m)	verden (m)	['værdən]
univers (m)	univers (n)	[ʉni'væʂ]
galaxie (f)	galakse (m)	[gɑ'lɑksə]
étoile (f)	stjerne (m/f)	['stjæːɳə]
constellation (f)	stjernebilde (n)	['stjæːɳəˌbildə]
planète (f)	planet (m)	[plɑ'net]
satellite (m)	satellitt (m)	[sɑtɛ'lit]
météorite (m)	meteoritt (m)	[meteʉ'rit]
comète (f)	komet (m)	[kʉ'met]
astéroïde (m)	asteroide (n)	[ɑsterʉ'idə]
orbite (f)	bane (m)	['bɑnə]
tourner (vi)	å rotere	[ɔ rɔ'terə]
atmosphère (f)	atmosfære (m)	[ɑtmʉ'sfærə]
Soleil (m)	Solen	['sʉlən]
système (m) solaire	solsystem (n)	['sʉl sʏ'stem]
éclipse (f) de soleil	solformørkelse (m)	['sʉl fɔr'mœrkəlsə]
Terre (f)	Jorden	['juːrən]
Lune (f)	Månen	['moːnən]
Mars (m)	Mars	['mɑʂ]
Vénus (f)	Venus	['venʉs]
Jupiter (m)	Jupiter	['jʉpitər]
Saturne (m)	Saturn	['sɑˌtʉːɳ]
Mercure (m)	Merkur	[mær'kʉr]
Uranus (m)	Uranus	[ʉ'rɑnʉs]
Neptune (m)	Neptun	[nɛp'tʉn]
Pluton (m)	Pluto	['plʉtʉ]
la Voie Lactée	Melkeveien	['mɛlkəˌvæjən]
la Grande Ours	den Store Bjørn	['dən 'stʉrə ˌbjœːɳ]
la Polaire	Nordstjernen, Polaris	['nuːrˌstjæːɳən], [pɔ'lɑris]
martien (m)	marsbeboer (m)	['mɑʂˌbebʉər]
extraterrestre (m)	utenomjordisk vesen (n)	['ʉtənɔm jʉːrdisk 'vesən]

alien (m)	romvesen (n)	['rʊmˌvesən]
soucoupe (f) volante	flygende tallerken (m)	['flygenə tɑ'lærkən]
vaisseau (m) spatial	romskip (n)	['rʊmˌʂip]
station (f) orbitale	romstasjon (m)	['rʊmˌstɑ'ʂʊn]
lancement (m)	start (m), oppskyting (m/f)	['stɑːt], ['ɔpˌʂytiŋ]
moteur (m)	motor (m)	['motʊr]
tuyère (f)	dyse (m)	['dysə]
carburant (m)	brensel (n), drivstoff (n)	['brɛnsəl], ['drifˌstɔf]
cabine (f)	cockpit (m), flydekk (n)	['kɔkpit], ['flyˌdɛk]
antenne (f)	antenne (m)	[ɑn'tɛnə]
hublot (m)	koøye (n)	['kʊˌøjə]
batterie (f) solaire	solbatteri (n)	['sʊl batɛ'ri]
scaphandre (m)	romdrakt (m/f)	['rʊmˌdrɑkt]
apesanteur (f)	vektløshet (m/f)	['vɛktløsˌhet]
oxygène (m)	oksygen (n)	['ɔksy'gen]
arrimage (m)	dokking (m/f)	['dɔkiŋ]
s'arrimer à ...	å dokke	[ɔ 'dɔkə]
observatoire (m)	observatorium (n)	[ɔbsərvɑ'tʊrium]
télescope (m)	teleskop (n)	[tele'skʊp]
observer (vt)	å observere	[ɔ ɔbsɛr'verə]
explorer (un cosmos)	å utforske	[ɔ 'ʉtˌfɔʂkə]

123. La Terre

Terre (f)	Jorden	['juːrən]
globe (m) terrestre	jordklode (m)	['juːrˌklodə]
planète (f)	planet (m)	[plɑ'net]
atmosphère (f)	atmosfære (m)	[ɑtmʊ'sfærə]
géographie (f)	geografi (m)	[geʊgrɑ'fi]
nature (f)	natur (m)	[nɑ'tʉr]
globe (m) de table	globus (m)	['globʉs]
carte (f)	kart (n)	['kɑːt]
atlas (m)	atlas (n)	['ɑtlɑs]
Europe (f)	Europa	[ɛʉ'rʊpɑ]
Asie (f)	Asia	['ɑsiɑ]
Afrique (f)	Afrika	['ɑfrikɑ]
Australie (f)	Australia	[ɑʉ'strɑliɑ]
Amérique (f)	Amerika	[ɑ'merikɑ]
Amérique (f) du Nord	Nord-Amerika	['nʊːr ɑ'merikɑ]
Amérique (f) du Sud	Sør-Amerika	['sør ɑ'merikɑ]
l'Antarctique (m)	Antarktis	[ɑn'tɑrktis]
l'Arctique (m)	Arktis	['ɑrktis]

124. Les quatre parties du monde

nord (m)	nord (n)	['nuːr]
vers le nord	mot nord	[mʊt 'nuːr]
au nord	i nord	[i 'nuːr]
du nord (adj)	nordlig	['nuːrli]
sud (m)	syd, sør	['syd], ['sør]
vers le sud	mot sør	[mʊt 'sør]
au sud	i sør	[i 'sør]
du sud (adj)	sydlig, sørlig	['sydli], ['søːli]
ouest (m)	vest (m)	['vɛst]
vers l'occident	mot vest	[mʊt 'vɛst]
à l'occident	i vest	[i 'vɛst]
occidental (adj)	vestlig, vest-	['vɛstli]
est (m)	øst (m)	['øst]
vers l'orient	mot øst	[mʊt 'øst]
à l'orient	i øst	[i 'øst]
oriental (adj)	østlig	['østli]

125. Les océans et les mers

mer (f)	hav (n)	['hav]
océan (m)	verdenshav (n)	[værdəns'hav]
golfe (m)	bukt (m/f)	['bʉkt]
détroit (m)	sund (n)	['sʉn]
terre (f) ferme	fastland (n)	['fastˌlan]
continent (m)	fastland, kontinent (n)	['fastˌlan], [kʊnti'nɛnt]
île (f)	øy (m/f)	['øj]
presqu'île (f)	halvøy (m/f)	['halˌøːj]
archipel (m)	skjærgård (m), arkipelag (n)	['ʂærˌgor], [arkipe'lag]
baie (f)	bukt (m/f)	['bʉkt]
port (m)	havn (m/f)	['havn]
lagune (f)	lagune (m)	[la'gʉnə]
cap (m)	nes (n), kapp (n)	['nes], ['kap]
atoll (m)	atoll (m)	[a'tɔl]
récif (m)	rev (n)	['rev]
corail (m)	korall (m)	[kʊ'ral]
récif (m) de corail	korallrev (n)	[kʊ'ralˌrev]
profond (adj)	dyp	['dyp]
profondeur (f)	dybde (m)	['dybdə]
abîme (m)	avgrunn (m)	['avˌgrʉn]
fosse (f) océanique	dyphavsgrop (m/f)	['dyphafsˌgrɔp]
courant (m)	strøm (m)	['strøm]
baigner (vt) (mer)	å omgi	[ɔ 'ɔmˌji]
littoral (m)	kyst (m)	['çyst]

côte (f)	kyst (m)	['çyst]
marée (f) haute	flo (m/f)	['flʊ]
marée (f) basse	ebbe (m), fjære (m/f)	['ɛbə], ['fjærə]
banc (m) de sable	sandbanke (m)	['sɑnˌbɑnkə]
fond (m)	bunn (m)	['bʉn]
vague (f)	bølge (m)	['bølgə]
crête (f) de la vague	bølgekam (m)	['bølgəˌkɑm]
mousse (f)	skum (n)	['skʉm]
tempête (f) en mer	storm (m)	['stɔrm]
ouragan (m)	orkan (m)	[ɔr'kɑn]
tsunami (m)	tsunami (m)	[tsʉ'nɑmi]
calme (m)	stille (m/f)	['stilə]
calme (tranquille)	stille	['stilə]
pôle (m)	pol (m)	['pʊl]
polaire (adj)	pol-, polar	['pʊl-], [pʊ'lɑr]
latitude (f)	bredde, latitude (m)	['brɛdə], ['lɑtiˌtʉdə]
longitude (f)	lengde (m/f)	['leŋdə]
parallèle (f)	breddegrad (m)	['brɛdəˌgrɑd]
équateur (m)	ekvator (m)	[ɛ'kvɑtʊr]
ciel (m)	himmel (m)	['himəl]
horizon (m)	horisont (m)	[hʊri'sɔnt]
air (m)	luft (f)	['lʉft]
phare (m)	fyr (n)	['fyr]
plonger (vi)	å dykke	[ɔ 'dʏkə]
sombrer (vi)	å synke	[ɔ 'sʏnkə]
trésor (m)	skatter (m pl)	['skɑtər]

126. Les noms des mers et des océans

océan (m) Atlantique	Atlanterhavet	[ɑt'lɑntərˌhɑve]
océan (m) Indien	Indiahavet	['indiɑˌhɑve]
océan (m) Pacifique	Stillehavet	['stiləˌhɑve]
océan (m) Glacial	Polhavet	['pɔlˌhɑve]
mer (f) Noire	Svartehavet	['svɑːʈəˌhɑve]
mer (f) Rouge	Rødehavet	['rødəˌhɑve]
mer (f) Jaune	Gulehavet	['gʉləˌhɑve]
mer (f) Blanche	Kvitsjøen, Hvitehavet	['kvitˌʂøːn], ['vitˌhɑve]
mer (f) Caspienne	Kaspihavet	['kɑspiˌhɑve]
mer (f) Morte	Dødehavet	['dødə'hɑve]
mer (f) Méditerranée	Middelhavet	['midəlˌhɑve]
mer (f) Égée	Egeerhavet	[ɛ'geːərˌhɑve]
mer (f) Adriatique	Adriahavet	['ɑdriɑˌhɑve]
mer (f) Arabique	Arabiahavet	[ɑ'rɑbiɑˌhɑve]
mer (f) du Japon	Japanhavet	['jɑpɑnˌhɑve]

mer (f) de Béring	**Beringhavet**	[ˈberiŋˌhave]
mer (f) de Chine Méridionale	**Sør-Kina-havet**	[ˈsørˌçinɑ ˈhave]
mer (f) de Corail	**Korallhavet**	[kuˈralˌhave]
mer (f) de Tasman	**Tasmanhavet**	[tasˈmanˌhave]
mer (f) Caraïbe	**Karibhavet**	[kaˈribˌhave]
mer (f) de Barents	**Barentshavet**	[ˈbarɛnsˌhave]
mer (f) de Kara	**Karahavet**	[ˈkarɑˌhave]
mer (f) du Nord	**Nordsjøen**	[ˈnuːrˌʂøːn]
mer (f) Baltique	**Østersjøen**	[ˈøstəˌʂøːn]
mer (f) de Norvège	**Norskehavet**	[ˈnɔʂkəˌhave]

127. Les montagnes

montagne (f)	**fjell** (n)	[ˈfjɛl]
chaîne (f) de montagnes	**fjellkjede** (m)	[ˈfjɛlˌçɛːdə]
crête (f)	**fjellrygg** (m)	[ˈfjɛlˌrʏg]
sommet (m)	**topp** (m)	[ˈtɔp]
pic (m)	**tind** (m)	[ˈtin]
pied (m)	**fot** (m)	[ˈfʊt]
pente (f)	**skråning** (m)	[ˈskrɔniŋ]
volcan (m)	**vulkan** (m)	[vʉlˈkan]
volcan (m) actif	**virksom vulkan** (m)	[ˈvirksɔm vʉlˈkan]
volcan (m) éteint	**utslukt vulkan** (m)	[ˈʉtˌslʉkt vʉlˈkan]
éruption (f)	**utbrudd** (n)	[ˈʉtˌbrʉd]
cratère (m)	**krater** (n)	[ˈkratər]
magma (m)	**magma** (m/n)	[ˈmagma]
lave (f)	**lava** (m)	[ˈlava]
en fusion (lave ~)	**glødende**	[ˈglødənə]
canyon (m)	**canyon** (m)	[ˈkanjən]
défilé (m) (gorge)	**gjel** (n), **kløft** (m)	[ˈjel], [ˈklœft]
crevasse (f)	**renne** (m/f)	[ˈrɛnə]
précipice (m)	**avgrunn** (m)	[ˈavˌgrʉn]
col (m) de montagne	**pass** (n)	[ˈpas]
plateau (m)	**platå** (n)	[plaˈto]
rocher (m)	**klippe** (m)	[ˈklipə]
colline (f)	**ås** (m)	[ˈɔs]
glacier (m)	**bre, jøkel** (m)	[ˈbre], [ˈjøkəl]
chute (f) d'eau	**foss** (m)	[ˈfɔs]
geyser (m)	**geysir** (m)	[ˈgɛjsir]
lac (m)	**innsjø** (m)	[ˈinˌʂø]
plaine (f)	**slette** (m/f)	[ˈʂletə]
paysage (m)	**landskap** (n)	[ˈlanˌskap]
écho (m)	**ekko** (n)	[ˈɛkʊ]
alpiniste (m)	**alpinist** (m)	[alpiˈnist]

varappeur (m)	fjellklatrer (m)	['fjɛlˌklɑtrər]
conquérir (vt)	å erobre	[ɔ ɛ'rubrə]
ascension (f)	bestigning (m/f)	[be'stigniŋ]

128. Les noms des chaînes de montagne

Alpes (f pl)	Alpene	['ɑlpenə]
Mont Blanc (m)	Mont Blanc	[ˌmɔn'blɑn]
Pyrénées (f pl)	Pyreneene	[pyre'neːənə]

Carpates (f pl)	Karpatene	[kɑr'pɑtenə]
Monts Oural (m pl)	Uralfjellene	[ʉ'rɑl ˌfjɛlenə]
Caucase (m)	Kaukasus	['kaʉkɑsʉs]
Elbrous (m)	Elbrus	[ɛl'brʉs]

Altaï (m)	Altaj	[ɑl'tɑj]
Tian Chan (m)	Tien Shan	[ti'enˌʂɑn]
Pamir (m)	Pamir	[pɑ'mir]
Himalaya (m)	Himalaya	[himɑ'lɑjɑ]
Everest (m)	Everest	['ɛve'rɛst]

| Andes (f pl) | Andes | ['ɑndəs] |
| Kilimandjaro (m) | Kilimanjaro | [kilimɑn'dʂɑrʉ] |

129. Les fleuves

rivière (f), fleuve (m)	elv (m/f)	['ɛlv]
source (f)	kilde (m)	['çildə]
lit (m) (d'une rivière)	elveleie (n)	['ɛlvəˌlæje]
bassin (m)	flodbasseng (n)	['flʉd bɑˌseŋ]
se jeter dans ...	å munne ut ...	[ɔ 'mʉnə ʉt ...]

| affluent (m) | bielv (m/f) | ['biˌelv] |
| rive (f) | bredd (m) | ['brɛd] |

courant (m)	strøm (m)	['strøm]
en aval	medstrøms	['meˌstrøms]
en amont	motstrøms	['mʉtˌstrøms]

inondation (f)	oversvømmelse (m)	['ɔvəˌsvœməlsə]
les grandes crues	flom (m)	['flɔm]
déborder (vt)	å overflø	[ɔ 'ɔverˌflø]
inonder (vt)	å oversvømme	[ɔ 'ɔvəˌsvœme]

| bas-fond (m) | grunne (m/f) | ['grʉnə] |
| rapide (m) | stryk (m/n) | ['stryk] |

barrage (m)	demning (m)	['dɛmniŋ]
canal (m)	kanal (m)	[kɑ'nɑl]
lac (m) de barrage	reservoar (n)	[resɛrvu'ɑr]
écluse (f)	sluse (m)	['slʉsə]
plan (m) d'eau	vannmasse (m)	['vɑnˌmɑsə]

marais (m)	myr, sump (m)	['myr], ['sʉmp]
fondrière (f)	hengemyr (m)	['hɛŋeˌmyr]
tourbillon (m)	virvel (m)	['virvəl]
ruisseau (m)	bekk (m)	['bɛk]
potable (adj)	drikke-	['drikə-]
douce (l'eau ~)	fersk-	['fæṣk-]
glace (f)	is (m)	['is]
être gelé	å fryse til	[ɔ 'frysə til]

130. Les noms des fleuves

Seine (f)	Seine	['sɛːn]
Loire (f)	Loire	[lu'ɑːr]
Tamise (f)	Themsen	['tɛmsən]
Rhin (m)	Rhinen	['riːnən]
Danube (m)	Donau	['dɔnaʊ]
Volga (f)	Volga	['vɔlga]
Don (m)	Don	['dɔn]
Lena (f)	Lena	['lena]
Huang He (m)	Huang He	[ˌhwɑn'hɛ]
Yangzi Jiang (m)	Yangtze	['jaŋtse]
Mékong (m)	Mekong	[me'kɔŋ]
Gange (m)	Ganges	['gaŋes]
Nil (m)	Nilen	['nilən]
Congo (m)	Kongo	['kɔngʊ]
Okavango (m)	Okavango	[ʊka'vangʊ]
Zambèze (m)	Zambezi	[sam'besi]
Limpopo (m)	Limpopo	[limpɔ'pɔ]
Mississippi (m)	Mississippi	['misi'sipi]

131. La forêt

forêt (f)	skog (m)	['skʊg]
forestier (adj)	skog-	['skʊg-]
fourré (m)	tett skog (n)	['tɛt ˌskʊg]
bosquet (m)	lund (m)	['lʉn]
clairière (f)	glenne (m/f)	['glenə]
broussailles (f pl)	krattskog (m)	['kratˌskʊg]
taillis (m)	kratt (n)	['krat]
sentier (m)	sti (m)	['sti]
ravin (m)	ravine (m)	[ra'vinə]
arbre (m)	tre (n)	['trɛ]
feuille (f)	blad (n)	['blɑ]

feuillage (m)	løv (n)	['løv]
chute (f) de feuilles	løvfall (n)	['løv̩fal]
tomber (feuilles)	å falle	[ɔ 'falə]
sommet (m)	tretopp (m)	['trɛ̩tɔp]
rameau (m)	kvist, gren (m)	['kvist], ['gren]
branche (f)	gren, grein (m/f)	['gren], ['græjn]
bourgeon (m)	knopp (m)	['knɔp]
aiguille (f)	nål (m/f)	['nɔl]
pomme (f) de pin	kongle (m/f)	['kʊŋlə]
creux (m)	trehull (n)	['trɛ̩hʉl]
nid (m)	reir (n)	['ræjr]
terrier (m) (~ d'un renard)	hule (m/f)	['hʉlə]
tronc (m)	stamme (m)	['stamə]
racine (f)	rot (m/f)	['rʊt]
écorce (f)	bark (m)	['bark]
mousse (f)	mose (m)	['mʊsə]
déraciner (vt)	å rykke opp med roten	[ɔ 'rʏkə ɔp me 'rutən]
abattre (un arbre)	å felle	[ɔ 'fɛlə]
déboiser (vt)	å hogge ned	[ɔ 'hɔgə 'ne]
souche (f)	stubbe (m)	['stʉbə]
feu (m) de bois	bål (n)	['bɔl]
incendie (m)	skogbrann (m)	['skʊg̩bran]
éteindre (feu)	å slokke	[ɔ 'ʂløkə]
garde (m) forestier	skogvokter (m)	['skʊg̩vɔktər]
protection (f)	vern (n), beskyttelse (m)	['væːn], ['be'ʂytəlsə]
protéger (vt)	å beskytte	[ɔ be'ʂytə]
braconnier (m)	tyvskytter (m)	['tyf̩sytər]
piège (m) à mâchoires	saks (m/f)	['saks]
cueillir (vt)	å plukke	[ɔ 'plʉkə]
s'égarer (vp)	å gå seg vill	[ɔ 'gɔ sæj 'vil]

132. Les ressources naturelles

ressources (f pl) naturelles	naturressurser (m pl)	[na'tʉr rɛ'sʉʂər]
minéraux (m pl)	mineraler (n pl)	[mine'ralər]
gisement (m)	forekomster (m pl)	['fɔrə̩kɔmstər]
champ (m) (~ pétrolifère)	felt (m)	['fɛlt]
extraire (vt)	å utvinne	[ɔ 'ʉt̩vinə]
extraction (f)	utvinning (m/f)	['ʉt̩viniŋ]
minerai (m)	malm (m)	['malm]
mine (f) (site)	gruve (m/f)	['grʉvə]
puits (m) de mine	gruvesjakt (m/f)	['grʉvə̩ʂakt]
mineur (m)	gruvearbeider (m)	['grʉvə'ar̩bæjdər]
gaz (m)	gass (m)	['gas]
gazoduc (m)	gassledning (m)	['gas̩ledniŋ]

pétrole (m)	olje (m)	['ɔljə]
pipeline (m)	oljeledning (m)	['ɔljə‚edniŋ]
tour (f) de forage	oljebrønn (m)	['ɔljə‚brœn]
derrick (m)	boretårn (n)	['boːrə‚tɔːn]
pétrolier (m)	tankskip (n)	['tɑnk‚ʂip]

sable (m)	sand (m)	['sɑn]
calcaire (m)	kalkstein (m)	['kɑlk‚stæjn]
gravier (m)	grus (m)	['grʉs]
tourbe (f)	torv (m/f)	['tɔrv]
argile (f)	leir (n)	['læjr]
charbon (m)	kull (n)	['kʉl]

fer (m)	jern (n)	['jæːn]
or (m)	gull (n)	['gʉl]
argent (m)	sølv (n)	['søl]
nickel (m)	nikkel (m)	['nikəl]
cuivre (m)	kobber (n)	['kɔbər]

zinc (m)	sink (m/n)	['sink]
manganèse (m)	mangan (m/n)	[mɑ'ŋɑn]
mercure (m)	kvikksølv (n)	['kvik‚søl]
plomb (m)	bly (n)	['bly]

minéral (m)	mineral (n)	[minə'rɑl]
cristal (m)	krystall (m/n)	[kry'stɑl]
marbre (m)	marmor (m/n)	['mɑrmʉr]
uranium (m)	uran (m/n)	[ʉ'rɑn]

La Terre. Partie 2

133. Le temps

temps (m)	vær (n)	['vær]
météo (f)	værvarsel (n)	['vær,vaşəl]
température (f)	temperatur (m)	[tɛmpəra'tʉr]
thermomètre (m)	termometer (n)	[tɛrmʉ'metər]
baromètre (m)	barometer (n)	[barʉ'metər]
humide (adj)	fuktig	['fʉkti]
humidité (f)	fuktighet (m)	['fʉkti,het]
chaleur (f) (canicule)	hete (m)	['he:tə]
torride (adj)	het	['het]
il fait très chaud	det er hett	[de ær 'het]
il fait chaud	det er varmt	[de ær 'varmt]
chaud (modérément)	varm	['varm]
il fait froid	det er kaldt	[de ær 'kalt]
froid (adj)	kald	['kal]
soleil (m)	sol (m/f)	['sʉl]
briller (soleil)	å skinne	[ɔ 'şinə]
ensoleillé (jour ~)	solrik	['sʉl,rik]
se lever (vp)	å gå opp	[ɔ 'gɔ ɔp]
se coucher (vp)	å gå ned	[ɔ 'gɔ ne]
nuage (m)	sky (m)	['şy]
nuageux (adj)	skyet	['şy:ət]
nuée (f)	regnsky (m/f)	['ræjn,şy]
sombre (adj)	mørk	['mœrk]
pluie (f)	regn (n)	['ræjn]
il pleut	det regner	[de 'ræjnər]
pluvieux (adj)	regnværs-	['ræjn,væş-]
bruiner (v imp)	å småregne	[ɔ 'smo:ræjnə]
pluie (f) torrentielle	piskende regn (n)	['piskenə ,ræjn]
averse (f)	styrtregn (n)	['styːṭræjn]
forte (la pluie ~)	kraftig, sterk	['krafti], ['stærk]
flaque (f)	vannpytt (m)	['van,pyt]
se faire mouiller	å bli våt	[ɔ 'bli 'vɔt]
brouillard (m)	tåke (m/f)	['to:kə]
brumeux (adj)	tåke	['to:kə]
neige (f)	snø (m)	['snø]
il neige	det snør	[de 'snør]

134. Les intempéries. Les catastrophes naturelles

orage (m)	tordenvær (n)	['tʊrdən‚vær]
éclair (m)	lyn (n)	['lyn]
éclater (foudre)	å glimte	[ɔ 'glimtə]
tonnerre (m)	torden (m)	['tʊrdən]
gronder (tonnerre)	å tordne	[ɔ 'tʊrdnə]
le tonnerre gronde	det tordner	[de 'tʊrdnər]
grêle (f)	hagle (m/f)	['haglə]
il grêle	det hagler	[de 'haglər]
inonder (vt)	å oversvømme	[ɔ 'ɔvə‚svœmə]
inondation (f)	oversvømmelse (m)	['ɔvə‚svœməlsə]
tremblement (m) de terre	jordskjelv (n)	['juːr‚ʂɛlv]
secousse (f)	skjelv (n)	['ʂɛlv]
épicentre (m)	episenter (n)	[ɛpi'sɛntər]
éruption (f)	utbrudd (n)	['ʉt‚brʉd]
lave (f)	lava (m)	['lava]
tourbillon (m)	skypumpe (m/f)	['ʂy‚pʉmpə]
tornade (f)	tornado (m)	[tʊː'ŋadʉ]
typhon (m)	tyfon (m)	[ty'fʊn]
ouragan (m)	orkan (m)	[ɔr'kan]
tempête (f)	storm (m)	['stɔrm]
tsunami (m)	tsunami (m)	[tsʉ'nami]
cyclone (m)	syklon (m)	[sy'klun]
intempéries (f pl)	uvær (n)	['ʉː‚vær]
incendie (m)	brann (m)	['bran]
catastrophe (f)	katastrofe (m)	[kata'strɔfə]
météorite (m)	meteoritt (m)	[meteʉ'rit]
avalanche (f)	lavine (m)	[la'vinə]
éboulement (m)	snøskred, snøras (n)	['snø‚skred], ['snøras]
blizzard (m)	snøstorm (m)	['snø‚stɔrm]
tempête (f) de neige	snøstorm (m)	['snø‚stɔrm]

La faune

135. Les mammifères. Les prédateurs

prédateur (m)	rovdyr (n)	['rɔvˌdyr]
tigre (m)	tiger (m)	['tigər]
lion (m)	løve (m/f)	['løve]
loup (m)	ulv (m)	['ʉlv]
renard (m)	rev (m)	['rev]
jaguar (m)	jaguar (m)	[jagʉ'ɑr]
léopard (m)	leopard (m)	[leʉ'pɑrd]
guépard (m)	gepard (m)	[ge'pɑrd]
panthère (f)	panter (m)	['pantər]
puma (m)	puma (m)	['pʉmɑ]
léopard (m) de neiges	snøleopard (m)	['snø leʉ'pɑrd]
lynx (m)	gaupe (m/f)	['gaʉpə]
coyote (m)	coyote, prærieulv (m)	[kɔ'jotə], ['præriˌʉlv]
chacal (m)	sjakal (m)	[ʂɑ'kɑl]
hyène (f)	hyene (m)	[hy'enə]

136. Les animaux sauvages

animal (m)	dyr (n)	['dyr]
bête (f)	best, udyr (n)	['bɛst], ['ʉˌdyr]
écureuil (m)	ekorn (n)	['ɛkʉːɳ]
hérisson (m)	pinnsvin (n)	['pinˌsvin]
lièvre (m)	hare (m)	['hɑrə]
lapin (m)	kanin (m)	[kɑ'nin]
blaireau (m)	grevling (m)	['grɛvliŋ]
raton (m)	vaskebjørn (m)	['vaskəˌbjœːɳ]
hamster (m)	hamster (m)	['hamstər]
marmotte (f)	murmeldyr (n)	['mʉrməlˌdyr]
taupe (f)	muldvarp (m)	['mʉlˌvarp]
souris (f)	mus (m/f)	['mʉs]
rat (m)	rotte (m/f)	['rɔtə]
chauve-souris (f)	flaggermus (m/f)	['flagərˌmʉs]
hermine (f)	røyskatt (m)	['røjskat]
zibeline (f)	sobel (m)	['sʉbəl]
martre (f)	mår (m)	['mɔr]
belette (f)	snømus (m/f)	['snøˌmʉs]
vison (m)	mink (m)	['mink]

castor (m)	bever (m)	['bevər]
loutre (f)	oter (m)	['ʊtər]

cheval (m)	hest (m)	['hɛst]
élan (m)	elg (m)	['ɛlg]
cerf (m)	hjort (m)	['jɔːt]
chameau (m)	kamel (m)	[kɑ'mel]

bison (m)	bison (m)	['bisɔn]
aurochs (m)	urokse (m)	['ʉrˌʊksə]
buffle (m)	bøffel (m)	['bøfəl]

zèbre (m)	sebra (m)	['sebrɑ]
antilope (f)	antilope (m)	[ɑnti'lʊpə]
chevreuil (m)	rådyr (n)	['rɔˌdyr]
biche (f)	dåhjort, dådyr (n)	['dɔˌjɔːt], ['dɔˌdyr]
chamois (m)	gemse (m)	['gɛmsə]
sanglier (m)	villsvin (n)	['vilˌsvin]

baleine (f)	hval (m)	['vɑl]
phoque (m)	sel (m)	['sel]
morse (m)	hvalross (m)	['vɑlˌrɔs]
ours (m) de mer	pelssel (m)	['pɛlsˌsel]
dauphin (m)	delfin (m)	[dɛl'fin]

ours (m)	bjørn (m)	['bjœːŋ]
ours (m) blanc	isbjørn (m)	['isˌbjœːŋ]
panda (m)	panda (m)	['pɑndɑ]

singe (m)	ape (m/f)	['ɑpe]
chimpanzé (m)	sjimpanse (m)	[ʂim'pɑnsə]
orang-outang (m)	orangutang (m)	[ʊ'rɑŋʉˌtɑŋ]
gorille (m)	gorilla (m)	[gɔ'rilɑ]
macaque (m)	makak (m)	[mɑ'kɑk]
gibbon (m)	gibbon (m)	['gibʊn]

éléphant (m)	elefant (m)	[ɛle'fɑnt]
rhinocéros (m)	neshorn (n)	['nesˌhʊːŋ]
girafe (f)	sjiraff (m)	[ʂi'rɑf]
hippopotame (m)	flodhest (m)	['flʊdˌhɛst]

kangourou (m)	kenguru (m)	['kɛŋgʉrʉ]
koala (m)	koala (m)	[kʊ'ɑlɑ]

mangouste (f)	mangust, mungo (m)	[mɑŋ'gʉst], ['mʉŋgu]
chinchilla (m)	chinchilla (m)	[ʂin'ʂilɑ]
mouffette (f)	skunk (m)	['skunk]
porc-épic (m)	hulepinnsvin (n)	['hʉləˌpinsvin]

137. Les animaux domestiques

chat (m) (femelle)	katt (m)	['kɑt]
chat (m) (mâle)	hannkatt (m)	['hɑnˌkɑt]
chien (m)	hund (m)	['hʉŋ]

cheval (m)	hest (m)	['hɛst]
étalon (m)	hingst (m)	['hiŋst]
jument (f)	hoppe, merr (m/f)	['hɔpə], ['mɛr]
vache (f)	ku (f)	['kʉ]
taureau (m)	tyr (m)	['tyr]
bœuf (m)	okse (m)	['ɔksə]
brebis (f)	sau (m)	['saʊ]
mouton (m)	vær, saubukk (m)	['vær], ['saʊˌbʉk]
chèvre (f)	geit (m/f)	['jæjt]
bouc (m)	geitebukk (m)	['jæjtəˌbʉk]
âne (m)	esel (n)	['ɛsəl]
mulet (m)	muldyr (n)	['mʉlˌdyr]
cochon (m)	svin (n)	['svin]
pourceau (m)	gris (m)	['gris]
lapin (m)	kanin (m)	[kɑ'nin]
poule (f)	høne (m/f)	['hønə]
coq (m)	hane (m)	['hɑnə]
canard (m)	and (m/f)	['ɑn]
canard (m) mâle	andrik (m)	['ɑndrik]
oie (f)	gås (m/f)	['gɔs]
dindon (m)	kalkunhane (m)	[kɑl'kʉnˌhɑnə]
dinde (f)	kalkunhøne (m/f)	[kɑl'kʉnˌhønə]
animaux (m pl) domestiques	husdyr (n pl)	['hʉsˌdyr]
apprivoisé (adj)	tam	['tɑm]
apprivoiser (vt)	å temme	[ɔ 'tɛmə]
élever (vt)	å avle, å oppdrette	[ɔ 'ɑvlə], [ɔ 'ɔpˌdrɛtə]
ferme (f)	farm, gård (m)	['fɑrm], ['gɔːr]
volaille (f)	fjærfe (n)	['fjærˌfɛ]
bétail (m)	kveg (n)	['kvɛg]
troupeau (m)	flokk, bøling (m)	['flɔk], ['bøliŋ]
écurie (f)	stall (m)	['stɑl]
porcherie (f)	grisehus (n)	['grisəˌhʉs]
vacherie (f)	kufjøs (m/n)	['kuˌfjøs]
cabane (f) à lapins	kaninbur (n)	[kɑ'ninˌbʉr]
poulailler (m)	hønsehus (n)	['hønsəˌhʉs]

138. Les oiseaux

oiseau (m)	fugl (m)	['fʉl]
pigeon (m)	due (m/f)	['dʉə]
moineau (m)	spurv (m)	['spʉrv]
mésange (f)	kjøttmeis (m/f)	['çœtˌmæjs]
pie (f)	skjære (m/f)	['ʂærə]
corbeau (m)	ravn (m)	['rɑvn]

corneille (f)	kråke (m)	['kroːkə]
choucas (m)	kaie (m/f)	['kajə]
freux (m)	kornkråke (m/f)	['kʉːnˌkroːkə]
canard (m)	and (m/f)	['an]
oie (f)	gås (m/f)	['gɔs]
faisan (m)	fasan (m)	[fa'san]
aigle (m)	ørn (m/f)	['œːn]
épervier (m)	hauk (m)	['haʉk]
faucon (m)	falk (m)	['falk]
vautour (m)	gribb (m)	['grib]
condor (m)	kondor (m)	[kʉn'dʉr]
cygne (m)	svane (m/f)	['svanə]
grue (f)	trane (m/f)	['tranə]
cigogne (f)	stork (m)	['stɔrk]
perroquet (m)	papegøye (m)	[pape'gøjə]
colibri (m)	kolibri (m)	[kʉ'libri]
paon (m)	påfugl (m)	['pɔˌfʉl]
autruche (f)	struts (m)	['strʉts]
héron (m)	hegre (m)	['hæjrə]
flamant (m)	flamingo (m)	[fla'mingʉ]
pélican (m)	pelikan (m)	[peli'kan]
rossignol (m)	nattergal (m)	['natərˌgal]
hirondelle (f)	svale (m/f)	['svalə]
merle (m)	trost (m)	['trʉst]
grive (f)	måltrost (m)	['moːlˌtrʉst]
merle (m) noir	svarttrost (m)	['svaːˌtrʉst]
martinet (m)	tårnseiler (m), tårnsvale (m/f)	['tɔːnˌsæjlə], ['tɔːnˌsvalə]
alouette (f) des champs	lerke (m/f)	['lærkə]
caille (f)	vaktel (m)	['vaktəl]
pivert (m)	hakkespett (m)	['hakəˌspɛt]
coucou (m)	gjøk, gauk (m)	['jøk], ['gaʉk]
chouette (f)	ugle (m/f)	['ʉglə]
hibou (m)	hubro (m)	['hʉbrʉ]
tétras (m)	storfugl (m)	['stʉrˌfʉl]
tétras-lyre (m)	orrfugl (m)	['ɔrˌfʉl]
perdrix (f)	rapphøne (m/f)	['rapˌhønə]
étourneau (m)	stær (m)	['stær]
canari (m)	kanarifugl (m)	[ka'nariˌfʉl]
gélinotte (f) des bois	jerpe (m/f)	['jærpə]
pinson (m)	bokfink (m)	['bʉkˌfink]
bouvreuil (m)	dompap (m)	['dʉmpap]
mouette (f)	måke (m/f)	['moːkə]
albatros (m)	albatross (m)	['albaˌtrɔs]
pingouin (m)	pingvin (m)	[piŋ'vin]

139. Les poissons. Les animaux marins

brème (f)	brasme (m/f)	['brɑsmə]
carpe (f)	karpe (m)	['kɑrpə]
perche (f)	åbor (m)	['obɔr]
silure (m)	malle (m)	['mɑlə]
brochet (m)	gjedde (m/f)	['jɛdə]
saumon (m)	laks (m)	['lɑks]
esturgeon (m)	stør (m)	['stør]
hareng (m)	sild (m/f)	['sil]
saumon (m) atlantique	atlanterhavslaks (m)	[at'lantərhafsˌlaks]
maquereau (m)	makrell (m)	[mɑ'krɛl]
flet (m)	rødspette (m/f)	['røˌspɛtə]
sandre (f)	gjørs (m)	['jøːʂ]
morue (f)	torsk (m)	['tɔʂk]
thon (m)	tunfisk (m)	['tʉnˌfisk]
truite (f)	ørret (m)	['øret]
anguille (f)	ål (m)	['ɔl]
torpille (f)	elektrisk rokke (m/f)	[ɛ'lektrisk ˌrɔkə]
murène (f)	murene (m)	[mʉ'rɛnə]
piranha (m)	piraja (m)	[pi'rɑja]
requin (m)	hai (m)	['hɑj]
dauphin (m)	delfin (m)	[dɛl'fin]
baleine (f)	hval (m)	['vɑl]
crabe (m)	krabbe (m)	['krɑbə]
méduse (f)	manet (m/f), meduse (m)	['mɑnet], [me'dʉsə]
pieuvre (f), poulpe (m)	blekksprut (m)	['blekˌsprʉt]
étoile (f) de mer	sjøstjerne (m/f)	['ʂøˌstjæːɳə]
oursin (m)	sjøpinnsvin (n)	['ʂøːˈpinˌsvin]
hippocampe (m)	sjøhest (m)	['ʂøˌhɛst]
huître (f)	østers (m)	['østəʂ]
crevette (f)	reke (m/f)	['rekə]
homard (m)	hummer (m)	['hʉmər]
langoustine (f)	langust (m)	[lɑŋ'gʉst]

140. Les amphibiens. Les reptiles

serpent (m)	slange (m)	['ʂlɑŋə]
venimeux (adj)	giftig	['jifti]
vipère (f)	hoggorm, huggorm (m)	['hʉgˌɔrm], ['hʉgˌɔrm]
cobra (m)	kobra (m)	['kubrɑ]
python (m)	pyton (m)	['pytɔn]
boa (m)	boaslange (m)	['boɑˌʂlɑŋə]
couleuvre (f)	snok (m)	['snuk]

| serpent (m) à sonnettes | klapperslange (m) | ['klapəˌslaŋə] |
| anaconda (m) | anakonda (m) | [anaˈkɔnda] |

lézard (m)	øgle (m/f)	[ˈøglə]
iguane (m)	iguan (m)	[igʉˈan]
varan (m)	varan (n)	[vaˈran]
salamandre (f)	salamander (m)	[salaˈmandər]
caméléon (m)	kameleon (m)	[kaməleˈʊn]
scorpion (m)	skorpion (m)	[skɔrpiˈʊn]

tortue (f)	skilpadde (m/f)	[ˈʂilˌpadə]
grenouille (f)	frosk (m)	[ˈfrɔsk]
crapaud (m)	padde (m/f)	[ˈpadə]
crocodile (m)	krokodille (m)	[krʊkəˈdilə]

141. Les insectes

insecte (m)	insekt (n)	[ˈinsɛkt]
papillon (m)	sommerfugl (m)	[ˈsɔmərˌfʉl]
fourmi (f)	maur (m)	[ˈmaʊr]
mouche (f)	flue (m/f)	[ˈflʉə]
moustique (m)	mygg (m)	[ˈmʏg]
scarabée (m)	bille (m)	[ˈbilə]

guêpe (f)	veps (m)	[ˈvɛps]
abeille (f)	bie (m/f)	[ˈbiə]
bourdon (m)	humle (m/f)	[ˈhʉmlə]
œstre (m)	brems (m)	[ˈbrɛms]

| araignée (f) | edderkopp (m) | [ˈɛdərˌkɔp] |
| toile (f) d'araignée | edderkoppnett (n) | [ˈɛdərkɔpˌnɛt] |

libellule (f)	øyenstikker (m)	[ˈøjənˌstikər]
sauterelle (f)	gresshoppe (m/f)	[ˈgrɛsˌhɔpə]
papillon (m)	nattsvermer (m)	[ˈnatˌsværmər]

cafard (m)	kakerlakk (m)	[kakəˈlak]
tique (f)	flått, midd (m)	[ˈflɔt], [ˈmid]
puce (f)	loppe (f)	[ˈlɔpə]
moucheron (m)	knott (m)	[ˈknɔt]

criquet (m)	vandgresshoppe (m/f)	[ˈvan ˈgrɛsˌhɔpə]
escargot (m)	snegl (m)	[ˈsnæjl]
grillon (m)	siriss (m)	[ˈsiˌris]
luciole (f)	ildflue (m/f), lysbille (m)	[ˈilˌflʉə], [ˈlysˌbilə]
coccinelle (f)	marihøne (m/f)	[ˈmariˌhønə]
hanneton (m)	oldenborre (f)	[ˈɔldənˌbɔrə]

sangsue (f)	igle (m/f)	[ˈiglə]
chenille (f)	sommerfugllarve (m/f)	[ˈsɔmərfʉlˌlarvə]
ver (m)	meitemark (m)	[ˈmæjtəˌmark]
larve (f)	larve (m/f)	[ˈlarvə]

La flore

142. Les arbres

arbre (m)	tre (n)	['trɛ]
à feuilles caduques	løv-	['løv-]
conifère (adj)	bar-	['bɑr-]
à feuilles persistantes	eviggrønt	['ɛvi̯ˌgrœnt]
pommier (m)	epletre (n)	['ɛpləˌtrɛ]
poirier (m)	pæretre (n)	['pærəˌtrɛ]
merisier (m)	morelltre (n)	[mʉ'rɛlˌtrɛ]
cerisier (m)	kirsebærtre (n)	['çiʂəbærˌtrɛ]
prunier (m)	plommetre (n)	['plʉməˌtrɛ]
bouleau (m)	bjørk (f)	['bjœrk]
chêne (m)	eik (f)	['æjk]
tilleul (m)	lind (m/f)	['lin]
tremble (m)	osp (m/f)	['ɔsp]
érable (m)	lønn (m/f)	['lœn]
épicéa (m)	gran (m/f)	['grɑn]
pin (m)	furu (m/f)	['fʉrʉ]
mélèze (m)	lerk (m)	['lærk]
sapin (m)	edelgran (m/f)	['ɛdəlˌgrɑn]
cèdre (m)	seder (m)	['sedər]
peuplier (m)	poppel (m)	['pɔpəl]
sorbier (m)	rogn (m/f)	['rɔŋn]
saule (m)	pil (m/f)	['pil]
aune (m)	or, older (m/f)	['ʉr], ['ɔldər]
hêtre (m)	bøk (m)	['bøk]
orme (m)	alm (m)	['ɑlm]
frêne (m)	ask (m/f)	['ɑsk]
marronnier (m)	kastanjetre (n)	[kɑ'stɑnjeˌtrɛ]
magnolia (m)	magnolia (m)	[mɑŋ'nʉliɑ]
palmier (m)	palme (m)	['pɑlmə]
cyprès (m)	sypress (m)	[sY'prɛs]
palétuvier (m)	mangrove (m)	[mɑŋ'grʉvə]
baobab (m)	apebrødtre (n)	['ɑpebrøˌtrɛ]
eucalyptus (m)	eukalyptus (m)	[ɛvkɑ'lyptʉs]
séquoia (m)	sequoia (m)	['sekˌvɔjɑ]

143. Les arbustes

buisson (m)	busk (m)	['bʉsk]
arbrisseau (m)	busk (m)	['bʉsk]

vigne (f)	vinranke (m)	['vin‚rankə]
vigne (f) (vignoble)	vinmark (m/f)	['vin‚mark]
framboise (f)	bringebærbusk (m)	['briŋə‚bær bʉsk]
cassis (m)	solbærbusk (m)	['sʉlbær‚bʉsk]
groseille (f) rouge	ripsbusk (m)	['rips‚bʉsk]
groseille (f) verte	stikkelsbærbusk (m)	['stikəlsbær‚bʉsk]
acacia (m)	akasie (m)	[a'kasiə]
berbéris (m)	berberis (m)	['bærberis]
jasmin (m)	sjasmin (m)	[ʂas'min]
genévrier (m)	einer (m)	['æjnər]
rosier (m)	rosenbusk (m)	['rʉsən‚bʉsk]
églantier (m)	steinnype (m/f)	['stæjn‚nypə]

144. Les fruits. Les baies

fruit (m)	frukt (m/f)	['frʉkt]
fruits (m pl)	frukter (m/f pl)	['frʉktər]
pomme (f)	eple (n)	['ɛplə]
poire (f)	pære (m/f)	['pærə]
prune (f)	plomme (m/f)	['plʉmə]
fraise (f)	jordbær (n)	['juːr‚bær]
cerise (f)	kirsebær (n)	['çiʂə‚bær]
merise (f)	morell (m)	[mʉ'rɛl]
raisin (m)	drue (m)	['drʉə]
framboise (f)	bringebær (n)	['briŋə‚bær]
cassis (m)	solbær (n)	['sʉl‚bær]
groseille (f) rouge	rips (m)	['rips]
groseille (f) verte	stikkelsbær (n)	['stikəls‚bær]
canneberge (f)	tranebær (n)	['tranə‚bær]
orange (f)	appelsin (m)	[apel'sin]
mandarine (f)	mandarin (m)	[manda'rin]
ananas (m)	ananas (m)	['ananas]
banane (f)	banan (m)	[ba'nan]
datte (f)	daddel (m)	['dadəl]
citron (m)	sitron (m)	[si'trʉn]
abricot (m)	aprikos (m)	[apri'kʉs]
pêche (f)	fersken (m)	['fæʂkən]
kiwi (m)	kiwi (m)	['kivi]
pamplemousse (m)	grapefrukt (m/f)	['grɛjp‚frʉkt]
baie (f)	bær (n)	['bær]
baies (f pl)	bær (n pl)	['bær]
airelle (f) rouge	tyttebær (n)	['tʏtə‚bær]
fraise (f) des bois	markjordbær (n)	['mark juːr‚bær]
myrtille (f)	blåbær (n)	['blɔ‚bær]

145. Les fleurs. Les plantes

fleur (f)	blomst (m)	['blɔmst]
bouquet (m)	bukett (m)	[bʉ'kɛt]
rose (f)	rose (m/f)	['rʉsə]
tulipe (f)	tulipan (m)	[tʉli'pan]
oeillet (m)	nellik (m)	['nɛlik]
glaïeul (m)	gladiolus (m)	[gladi'ɔlʉs]
bleuet (m)	kornblomst (m)	['kʉːɳˌblɔmst]
campanule (f)	blåklokke (m/f)	['blɔˌkloke]
dent-de-lion (f)	løvetann (m/f)	['løvəˌtan]
marguerite (f)	kamille (m)	[ka'milə]
aloès (m)	aloe (m)	['alʉe]
cactus (m)	kaktus (m)	['kaktʉs]
ficus (m)	gummiplante (m/f)	['gʉmiˌplantə]
lis (m)	lilje (m)	['liljə]
géranium (m)	geranium (m)	[ge'ranium]
jacinthe (f)	hyasint (m)	[hia'sint]
mimosa (m)	mimose (m/f)	[mi'mɔsə]
jonquille (f)	narsiss (m)	[na'ʂis]
capucine (f)	blomkarse (m)	['blɔmˌkaʂə]
orchidée (f)	orkidé (m)	[ɔrki'de]
pivoine (f)	peon, pion (m)	[pe'ʊn], [pi'ʊn]
violette (f)	fiol (m)	[fi'ʊl]
pensée (f)	stemorsblomst (m)	['stemʉʂˌblɔmst]
myosotis (m)	forglemmegei (m)	[fɔr'gleməjæj]
pâquerette (f)	tusenfryd (m)	['tʉsənˌfryd]
coquelicot (m)	valmue (m)	['valmʉe]
chanvre (m)	hamp (m)	['hamp]
menthe (f)	mynte (m/f)	['myntə]
muguet (m)	liljekonvall (m)	['liljə kɔn'val]
perce-neige (f)	snøklokke (m/f)	['snøˌklɔkə]
ortie (f)	nesle (m/f)	['nɛslə]
oseille (f)	syre (m/f)	['syrə]
nénuphar (m)	nøkkerose (m/f)	['nøkeˌrʉse]
fougère (f)	bregne (m/f)	['brɛjnə]
lichen (m)	lav (m/n)	['lav]
serre (f) tropicale	drivhus (n)	['drivˌhʉs]
gazon (m)	gressplen (m)	['grɛsˌplen]
parterre (m) de fleurs	blomsterbed (n)	['blɔmstərˌbed]
plante (f)	plante (m/f), vekst (m)	['plantə], ['vɛkst]
herbe (f)	gras (n)	['gras]
brin (m) d'herbe	grasstrå (n)	['grasˌstrɔ]

feuille (f)	blad (n)	['blɑ]
pétale (m)	kronblad (n)	['krɔnˌblɑ]
tige (f)	stilk (m)	['stilk]
tubercule (m)	rotknoll (m)	['rʊtˌknɔl]
pousse (f)	spire (m/f)	['spirə]
épine (f)	torn (m)	['tʊːɳ]
fleurir (vi)	å blomstre	[ɔ 'blɔmstrə]
se faner (vp)	å visne	[ɔ 'visnə]
odeur (f)	lukt (m/f)	['lʉkt]
couper (vt)	å skjære av	[ɔ 'ʂæːrə ɑː]
cueillir (fleurs)	å plukke	[ɔ 'plʉkə]

146. Les céréales

grains (m pl)	korn (n)	['kʊːɳ]
céréales (f pl) (plantes)	cerealer (n pl)	[sere'ɑlər]
épi (m)	aks (n)	['ɑks]
blé (m)	hvete (m)	['vetə]
seigle (m)	rug (m)	['rʉg]
avoine (f)	havre (m)	['hɑvrə]
millet (m)	hirse (m)	['hiʂə]
orge (f)	bygg (m/n)	['bʏg]
maïs (m)	mais (m)	['mɑis]
riz (m)	ris (m)	['ris]
sarrasin (m)	bokhvete (m)	['bʊkˌvetə]
pois (m)	ert (m/f)	['æːt]
haricot (m)	bønne (m/f)	['bœnə]
soja (m)	soya (m)	['sɔjɑ]
lentille (f)	linse (m/f)	['linsə]
fèves (f pl)	bønner (m/f pl)	['bœnər]

LES PAYS DU MONDE. LES NATIONALITÉS

147. L'Europe de l'Ouest

Europe (f)	Europa	[ɛʉˈrʊpɑ]
Union (f) européenne	Den Europeiske Union	[den ɛʉrʉˈpɛiskə ʉniˈɔn]
Autriche (f)	Østerrike	[ˈøstəˌrikə]
Grande-Bretagne (f)	Storbritannia	[ˈstʊr briˌtɑniɑ]
Angleterre (f)	England	[ˈɛŋlɑn]
Belgique (f)	Belgia	[ˈbɛlgiɑ]
Allemagne (f)	Tyskland	[ˈtʏsklɑn]
Pays-Bas (m)	Nederland	[ˈnedəˌlɑn]
Hollande (f)	Holland	[ˈhɔlɑn]
Grèce (f)	Hellas	[ˈhɛlɑs]
Danemark (m)	Danmark	[ˈdɑnmɑrk]
Irlande (f)	Irland	[ˈirlɑn]
Islande (f)	Island	[ˈislɑn]
Espagne (f)	Spania	[ˈspɑniɑ]
Italie (f)	Italia	[iˈtɑliɑ]
Chypre (m)	Kypros	[ˈkʏprʊs]
Malte (f)	Malta	[ˈmɑltɑ]
Norvège (f)	Norge	[ˈnɔrgə]
Portugal (m)	Portugal	[pɔːtʉˈgɑl]
Finlande (f)	Finland	[ˈfinlɑn]
France (f)	Frankrike	[ˈfrɑnkrikə]
Suède (f)	Sverige	[ˈsværiə]
Suisse (f)	Sveits	[ˈsvæjts]
Écosse (f)	Skottland	[ˈskɔtlɑn]
Vatican (m)	Vatikanet	[ˈvɑtiˌkɑne]
Liechtenstein (m)	Liechtenstein	[ˈlihtɛnʂtæjn]
Luxembourg (m)	Luxembourg	[ˈlʉksɛmˌbʉrg]
Monaco (m)	Monaco	[mʉˈnɑkʉ]

148. L'Europe Centrale et l'Europe de l'Est

Albanie (f)	Albania	[ɑlˈbɑniɑ]
Bulgarie (f)	Bulgaria	[bʉlˈgɑriɑ]
Hongrie (f)	Ungarn	[ˈʉŋɑːn̩]
Lettonie (f)	Latvia	[ˈlɑtviɑ]
Lituanie (f)	Litauen	[ˈliˌtɑʉən]
Pologne (f)	Polen	[ˈpʉlen]

Roumanie (f)	Romania	[rʊ'mɑniɑ]
Serbie (f)	Serbia	['særbiɑ]
Slovaquie (f)	Slovakia	[ṣlʊ'vɑkiɑ]
Croatie (f)	Kroatia	[krʊ'ɑtiɑ]
République (f) Tchèque	Tsjekkia	['tṣɛkijɑ]
Estonie (f)	Estland	['ɛstlɑn]
Bosnie (f)	Bosnia-Hercegovina	['bɔsniɑ hersegɔˌvinɑ]
Macédoine (f)	Makedonia	[mɑke'dɔniɑ]
Slovénie (f)	Slovenia	[ṣlʊ'veniɑ]
Monténégro (m)	Montenegro	['mɔntəˌnɛgrʊ]

149. Les pays de l'ex-U.R.S.S.

Azerbaïdjan (m)	Aserbajdsjan	[ɑserbɑjd'ṣɑn]
Arménie (f)	Armenia	[ɑr'meniɑ]
Biélorussie (f)	Hviterussland	['vitəˌrʉslɑn]
Géorgie (f)	Georgia	[ge'ɔrgiɑ]
Kazakhstan (m)	Kasakhstan	[kɑ'sɑkˌstɑn]
Kirghizistan (m)	Kirgisistan	[kir'gisiˌstɑn]
Moldavie (f)	Moldova	[mɔl'dɔvɑ]
Russie (f)	Russland	['rʉslɑn]
Ukraine (f)	Ukraina	[ʉkrɑ'inɑ]
Tadjikistan (m)	Tadsjikistan	[tɑ'dṣikiˌstɑn]
Turkménistan (m)	Turkmenistan	[tʉrk'meniˌstɑn]
Ouzbékistan (m)	Usbekistan	[ʉs'bekiˌstɑn]

150. L'Asie

Asie (f)	Asia	['ɑsiɑ]
Vietnam (m)	Vietnam	['vjɛtnɑm]
Inde (f)	India	['indiɑ]
Israël (m)	Israel	['isrɑəl]
Chine (f)	Kina	['çinɑ]
Liban (m)	Libanon	['libɑnɔn]
Mongolie (f)	Mongolia	[mʊŋ'guliɑ]
Malaisie (f)	Malaysia	[mɑ'lɑjsiɑ]
Pakistan (m)	Pakistan	['pɑkiˌstɑn]
Arabie (f) Saoudite	Saudi-Arabia	['sɑʊdi ɑ'rɑbiɑ]
Thaïlande (f)	Thailand	['tɑjlɑn]
Taïwan (m)	Taiwan	['tɑjˌvɑn]
Turquie (f)	Tyrkia	[tyrkiɑ]
Japon (m)	Japan	['jɑpɑn]
Afghanistan (m)	Afghanistan	[ɑf'gɑniˌstɑn]
Bangladesh (m)	Bangladesh	[bɑŋglɑ'dɛṣ]

Indonésie (f)	Indonesia	[indu'nesia]
Jordanie (f)	Jordan	['jɔrdan]
Iraq (m)	Irak	['irak]
Iran (m)	Iran	['iran]
Cambodge (m)	Kambodsja	[kam'bɔdşa]
Koweït (m)	Kuwait	['kʉvajt]
Laos (m)	Laos	['laɔs]
Myanmar (m)	Myanmar	['mjænma]
Népal (m)	Nepal	['nepal]
Fédération (f) des Émirats Arabes Unis	Forente Arabiske Emiratene	[fɔ'rentə a'rabiskə ɛmi'ratenə]
Syrie (f)	Syria	['syria]
Palestine (f)	Palestina	[pale'stina]
Corée (f) du Sud	Sør-Korea	['sør kʉˌrea]
Corée (f) du Nord	Nord-Korea	['nuːr kʉ'rɛa]

151. L'Amérique du Nord

Les États Unis	Amerikas Forente Stater	[a'merikas fɔ'rentə 'statər]
Canada (m)	Canada	['kanada]
Mexique (m)	Mexico	['mɛksikʉ]

152. L'Amérique Centrale et l'Amérique du Sud

Argentine (f)	Argentina	[argɛn'tina]
Brésil (m)	Brasilia	[bra'silia]
Colombie (f)	Colombia	[kɔ'lʉmbia]
Cuba (f)	Cuba	['kʉba]
Chili (m)	Chile	['tşilə]
Bolivie (f)	Bolivia	[bɔ'livia]
Venezuela (f)	Venezuela	[venesʉ'ɛla]
Paraguay (m)	Paraguay	[parag'waj]
Pérou (m)	Peru	[pe'ruː]
Surinam (m)	Surinam	['sʉriˌnam]
Uruguay (m)	Uruguay	[ʉrygʉ'aj]
Équateur (m)	Ecuador	[ɛkʉa'dɔr]
Bahamas (f pl)	Bahamas	[ba'hamas]
Haïti (m)	Haiti	[ha'iti]
République (f) Dominicaine	Dominikanske Republikken	[dʉmini'kanskə repʉ'blikən]
Panamá (m)	Panama	['panama]
Jamaïque (f)	Jamaica	[şa'majka]

153. L'Afrique

Égypte (f)	Egypt	[ɛ'gypt]
Maroc (m)	Marokko	[mɑ'rɔkʉ]
Tunisie (f)	Tunisia	['tʉ'nisiɑ]
Ghana (m)	Ghana	['gɑnɑ]
Zanzibar (m)	Zanzibar	['sɑnsibɑr]
Kenya (m)	Kenya	['kenyɑ]
Libye (f)	Libya	['libiɑ]
Madagascar (f)	Madagaskar	[mɑdɑ'gɑskɑr]
Namibie (f)	Namibia	[nɑ'mibiɑ]
Sénégal (m)	Senegal	[sene'gɑl]
Tanzanie (f)	Tanzania	['tɑnsɑˌniɑ]
République (f) Sud-africaine	Republikken Sør-Afrika	[repʉ'bliken 'sørˌɑfrikɑ]

154. L'Australie et Océanie

Australie (f)	Australia	[ɑʉ'strɑliɑ]
Nouvelle Zélande (f)	New Zealand	[njʉ'selɑn]
Tasmanie (f)	Tasmania	[tɑs'mɑniɑ]
Polynésie (f) Française	Fransk Polynesia	['frɑnsk pɔly'nesiɑ]

155. Les grandes villes

Amsterdam (f)	Amsterdam	['ɑmstɛrˌdɑm]
Ankara (m)	Ankara	['ɑnkɑrɑ]
Athènes (m)	Athen, Aten	[ɑ'ten]
Bagdad (m)	Bagdad	['bɑgdɑd]
Bangkok (m)	Bangkok	['bɑnkɔk]
Barcelone (f)	Barcelona	[bɑrsə'lunɑ]
Berlin (m)	Berlin	[bɛr'lin]
Beyrouth (m)	Beirut	['bæjˌrʉt]
Bombay (m)	Bombay	['bɔmbɛj]
Bonn (f)	Bonn	['bɔn]
Bordeaux (f)	Bordeaux	[bɔr'dɔː]
Bratislava (m)	Bratislava	[brɑti'slɑvɑ]
Bruxelles (m)	Brussel	['brʉsɛl]
Bucarest (m)	Bukarest	['bʉkɑ'rɛst]
Budapest (m)	Budapest	['bʉdɑpɛst]
Caire (m)	Kairo	['kɑjrʉ]
Calcutta (f)	Calcutta	[kɑl'kʉtɑ]
Chicago (f)	Chicago	[si'kɑgʉ]
Copenhague (f)	København	['çøbənˌhɑvn]
Dar es-Salaam (f)	Dar-es-Salaam	['dɑresɑˌlɑm]
Delhi (f)	Delhi	['dɛli]

Dubaï (f)	Dubai	['dʉbaj]
Dublin (f)	Dublin	['døblin]
Düsseldorf (f)	Düsseldorf	['dʉsəl,dɔrf]
Florence (f)	Firenze	[fi'rɛnsə]
Francfort (f)	Frankfurt	['frɑnkfʉːt]
Genève (f)	Genève	[ṣe'nɛv]
Hague (f)	Haag	['hɑg]
Hambourg (f)	Hamburg	['hɑmbʉrg]
Hanoi (f)	Hanoi	['hɑnɔj]
Havane (f)	Havana	[hɑ'vɑnɑ]
Helsinki (f)	Helsinki	['hɛlsinki]
Hiroshima (f)	Hiroshima	[hirʊ'ṣimɑ]
Hong Kong (m)	Hongkong	['hɔn,kɔŋ]
Istanbul (f)	Istanbul	['istɑnbʉl]
Jérusalem (f)	Jerusalem	[je'rʉsɑlem]
Kiev (f)	Kiev	['kiːef]
Kuala Lumpur (f)	Kuala Lumpur	[kʉ'ɑlɑ 'lʉmpʉr]
Lisbonne (f)	Lisboa	['lisbʊɑ]
Londres (m)	London	['lɔndɔn]
Los Angeles (f)	Los Angeles	[ˌlɔs'ændʒələs]
Lyon (f)	Lyon	[li'ɔn]
Madrid (f)	Madrid	[mɑ'drid]
Marseille (f)	Marseille	[mɑr'sɛj]
Mexico (f)	Mexico City	['mɛksikʊ 'siti]
Miami (f)	Miami	[mɑ'jɑmi]
Montréal (f)	Montreal	[mɔntri'ɔl]
Moscou (f)	Moskva	[mɔ'skvɑ]
Munich (f)	München	['mʉnhən]
Nairobi (f)	Nairobi	[nɑj'rʊbi]
Naples (f)	Napoli	['nɑpʊli]
New York (f)	New York	[njʉ 'jork]
Nice (f)	Nice	['nis]
Oslo (m)	Oslo	['ɔṣlʊ]
Ottawa (m)	Ottawa	['ɔtɑvɑ]
Paris (m)	Paris	[pɑ'ris]
Pékin (m)	Peking, Beijing	['pekiŋ], ['bɛjʒin]
Prague (m)	Praha	['prɑhɑ]
Rio de Janeiro (m)	Rio de Janeiro	['riu de ṣɑ'næjrʊ]
Rome (f)	Roma	['rʊmɑ]
Saint-Pétersbourg (m)	Sankt Petersburg	[ˌsɑnkt 'petɛṣ,bʉrg]
Séoul (m)	Seoul	[se'uːl]
Shanghai (m)	Shanghai	['ṣɑŋhɑj]
Sidney (m)	Sydney	['sidni]
Singapour (f)	Singapore	['siŋɑ'pɔr]
Stockholm (m)	Stockholm	['stɔkhɔlm]
Taipei (m)	Taipei	['tɑjpæj]
Tokyo (m)	Tokyo	['tɔkiʊ]
Toronto (m)	Toronto	[tɔ'rɔntʊ]

Varsovie (f)	**Warszawa**	[vɑˈʂavɑ]
Venise (f)	**Venezia**	[veˈnetsiɑ]
Vienne (f)	**Wien**	[ˈvin]
Washington (f)	**Washington**	[ˈvɔʂiŋtən]

www.ingramcontent.com/pod-product-compliance
Lightning Source LLC
Chambersburg PA
CBHW070554050426
42450CB00011B/2857